METODOLOGIA CATEQUÉTICA

Dados Internacionais de Catalogação na Publicação (CIP)
(Câmara Brasileira do Livro, SP, Brasil)

Gil, Paulo Cesar
   Metodologia catequética : caminhos para iluminar ecomunicar a fé / Paulo Cesar Gil. – 1. ed. – Petrópolis, RJ : Editora Vozes, 2021.

   Bibliografia
   ISBN 978-65-5713-008-7

   1. Catequese 2. Catequese – Igreja Católica 3. Cristianismo 4. Educação cristã – Estudo e ensino 5. Metodologia 6. Planejamento I. Título.

21-54194   CDD-268.6

Índices para catálogo sistemático:
1. Metodologia catequética : Cristianismo   268.6

Maria Alice Ferreira – Bibliotecária – CRB-8/7964

METODOLOGIA CATEQUÉTICA

*Caminhos para iluminar e
comunicar a fé*

PE. PAULO CESAR GIL

Petrópolis

© 2021, Editora Vozes Ltda.
Rua Frei Luís, 100
25689-900 Petrópolis, RJ
www.vozes.com.br
Brasil

Todos os direitos reservados. Nenhuma parte desta obra poderá ser reproduzida ou transmitida por qualquer forma e/ou quaisquer meios (eletrônico ou mecânico, incluindo fotocópia e gravação) ou arquivada em qualquer sistema ou banco de dados sem permissão escrita da editora.

CONSELHO EDITORIAL

Diretor
Gilberto Gonçalves Garcia

Editores
Aline dos Santos Carneiro
Edrian Josué Pasini
Marilac Loraine Oleniki
Welder Lancieri Marchini

Conselheiros
Francisco Morás
Ludovico Garmus
Teobaldo Heidemann
Volney J. Berkenbrock

Secretário executivo
João Batista Kreuch

Diagramação: Editora Vozes
Revisão gráfica: Alessandra Karl
Capa: Renan Rivero

ISBN 978-65-5713-008-7

Editado conforme o novo acordo ortográfico.

Este livro foi composto e impresso pela Editora Vozes Ltda.

Sumário

Introdução, 7

1. **Percorrendo caminhos no caminho, 9**

   1.1 O que é método, 12

2. **Caminho a ser construído, 24**

   2.1 O conhecimento da realidade dos catequizandos, 25

3. **Caminho escolhido, 36**

   3.1 agir catequético requer escolha, determinação e perseverança, 37

4. **Caminho planejado, 43**

   4.1 Experiência de convivência, 44

5. **Caminho do encontro, 50**

   5.1 Encontro de pessoas e delas com Cristo, 51

6. **Caminho de aprendizado, 56**

   6.1 Educação da fé, 57

7. **Caminho de interação, 62**

   7.1 Fé-Vida-Comunidade, 63

   7.2 Interação, 64

   7.3 A Interação como processo de desenvolvimento humano e cristão, 67

   7.4 A interação presente no plano de revelação, 69

   7.5 A interação na catequese, 70

   7.6 A interação que nasce da mística da experiência dos discípulos de Emaús, 73

8. **Caminho de inspiração, 77**

8.1 Catequese com inspiração catecumenal, 78

8.2 Centralidade da Palavra, 79

9. **Caminho de comunicação, 85**

9.1 Comunicação e Pedagogia Divina, 86

9.2 Elementos metodológicos à luz da Pedagogia Divina, 90

10.**Caminho de ação criativa e partilhada, 97**

10.1 Uma construção de conhecimento e engajamento eclesial, 98

Referências, 103

Introdução

Falar de metodologia é como pensar numa viagem. Sabemos o que queremos, aonde queremos chegar, o que levar, o caminho, as paradas necessárias, o tempo que vamos levar para chegar ao destino programado; enfim, sabemos tudo antes de sair para uma viagem, sabemos tudo o que é necessário com muita antecedência.

Não é assim? Ou não?

De fato! Não podemos chegar a um lugar sem saber se é para lá que devemos ir! Não podemos partir sem saber o caminho, o tempo necessário, o que levar, as paradas que serão necessárias.

Metodologia catequética é tudo isso e muito mais.

Toda ação catequética necessita de um suporte técnico para que o esforço realizado pelo catequista e seu grupo não seja em vão. Preparar-se para as atividades catequéticas faz valer a pena todo esforço, toda dúvida, toda ousadia, toda criatividade. É como sair juntando todas as peças de um quebra-cabeça sem saber como será o final... É arriscar com ternura e confiança!

O que faz valer a pena é saber que não caminhamos para o nada, para o vazio ou para um lugar inexistente, nem estamos sozinhos. Ele, o Mestre, Catequista da Palestina, caminha com a gente. Podemos demorar, desanimar, cansar e até mesmo enfrentar o risco de querer voltar. Mas "valer a pena" para nós catequistas, educadores e educadoras da fé é saber que percorremos um caminho a fim de que nosso esforço faça de todos nós discípulos e missionários sabedores do que buscamos e do por que buscamos.

Este trabalho quer sugerir algumas paradas necessárias para que você, catequista, saiba preparar-se para a ação catequética. Para compreender a metodologia catequética é importante considerar que percorremos os seguintes aspectos do caminho aberto para muitos outros caminhos, ou seja, estar ciente de que percorremos caminhos no caminho.

Os caminhos a percorrer são:

- Caminho a ser construído;
- Caminho escolhido;
- Caminho planejado;
- Caminho do encontro;
- Caminho de aprendizado;
- Caminho de interação;
- Caminho de inspiração;
- Caminho de comunicação;
- Caminho de ação criativa e partilhada.

Vamos iniciar a nossa caminhada por uma base teórica e prática considerando os elementos de metodologia a partir dos caminhos indicados que contribuam para a atividade catequética. Todos os caminhos servirão para indicar um novo agir e que podemos perceber o nosso potencial humano e criativo. Todos os recursos e ferramentas serão fundamentais para o grupo de catequese em seu processo de crescimento da fé e no engajamento pastoral e missionário como compromisso cristão.

Com os passos que devemos dar a cada capítulo, ou seja, a cada caminho indicado, nos despertaremos para uma maior motivação a fim de que todos os momentos de encontro e outras atividades catequéticas se tornem mais ricas em seu aproveitamento e bem vivenciadas.

Organizada em dez capítulos a obra está aberta para uma leitura livre sem o compromisso de seguir a ordem apresentada, isso porque todos os caminhos são importantes e levam ao grande caminho que haveremos de percorrer... a iniciação à vida cristã.

É importante considerar o caminho que já conseguimos fazer até aqui, mas não podemos deixar de compreender que o momento agora é de um verdadeiro processo de escuta e atenção aos desafios de nossa catequese. Como responder aos apelos do nosso tempo? De nossa realidade pastoral? Responder a estas questões pressupõe compreender que "Essa complexa realidade, na qual estamos mergulhados, nos revela que a experiência de fé cristã se encontra hoje em uma espécie de estado generalizado de busca e recomeço" (CNBB, 107, n. 52).

Vamos, a partir de agora, vivenciar algo novo que nasce, sob o impulso do Espírito que nos enche de alegria, confiança e motivação para vivermos a vida cristã.

O autor

1

Percorrendo caminhos no caminho

"Se as coisas são inatingíveis...
Ora! Não é motivo para não querê-las...
Que tristes os caminhos, se não fora
a presença distante das estrelas!"

(Mario Quintana)

Metodologia... Por muitas vezes já ouvimos falar que metodologia é saber por onde caminhar, mas será apenas isso?

Metodologia é o conjunto de métodos adequados para sistematizar uma investigação científica, um trabalho específico, uma ação que exige eficácia para se alcançar objetivos estabelecidos. É o campo em que se estuda os métodos práticos e precisos em determinada área para a produção do conhecimento.

Metodologia é uma palavra derivada do latim *methodus*, método cujo significado é *caminho, técnica ou meio para a realização de algo*. Ainda podemos dizer que é um procedimento, um processo.

Método é o processo pelo qual atingimos um determinado fim. Processo necessário para se chegar ao conhecimento, pois é o método que vai delimitar a produção do conhecimento.

Um caminho a percorrer...

Trata-se de um processo complexo e flexível que requer determinação para se percorrer um caminho aberto aos passos fundamentais, do ponto de partida ao ponto de chegada; atenção aos aspectos que se complementam e inter-relacionam nas diferentes etapas de todo o processo, do aprendizado ao conhecimento e a sensibilidade para se sentir sujeito da experiência.

O caminho está para ser trilhado... Ele se faz caminhando!

Não se trata de traçar apenas uma rota, de incluir referências para não se perder ao caminhar, não se desviar ou se distanciar da meta, nem tão pouco para não ficar parado. Embora tudo isso seja importante, o caminho se faz com motivação e clareza do que se busca como ponto de chegada, mas conservando a memória em vista da meta desejada.

Sobre isso nos ajudam as palavras de Santa Clara em sua segunda carta dirigida a Santa Inês de Praga. Ela disse:

> Não perca de vista seu ponto de partida, conserve o que você tem, faça o que está fazendo e não o deixe mas, em rápida corrida, com passo ligeiro e pé seguro, de modo que seus passos nem recolham a poeira, confiante e alegre avance pelo caminho da bem-aventurança (TEIXEIRA, 2004, 2In 11-13).

Se conhecermos bem a realidade e os diferentes contextos em que estamos inseridos, já iniciamos bem a caminhada, pois sabemos de onde partir.

Na história da catequese, sempre fiel à missão da Igreja que é evangelizar, é possível destacar diferentes metodologias para uma efetiva caminhada catequética. Diferentes métodos em diferentes momentos históricos foram inspiradores para a catequese em sua missão de formar discípulos missionários de Jesus Cristo. Ele mesmo percorreu um longo caminho para formar uma comunidade que nasceu do anúncio da Palavra.

Todo esforço para evangelizar e todos os envolvidos foram, a cada fase, revelando o jeito de a Igreja compreender a si mesma e o mundo como campo de missão. Com o passar do tempo, a compreensão de sua natureza e missão, bem como o modo de se relacionar com o mundo, tomou diferentes *nuances* com suas mais variadas formas de se aproximar, acolher, anunciar e testemunhar, mas sem perder a força e o brilho do Ressuscitado. Portanto,

> Também para nós existem muitos sinais em que o Ressuscitado se faz reconhecer: a Sagrada Escritura, a Eucaristia, os outros Sacramentos, a caridade, os gestos de amor que trazem um raio de luz do Ressuscitado.

> Deixemo-nos iluminar pela Ressurreição de Cristo, deixemo-nos transformar pela sua força, para que também através de nós, no mundo, os sinais de morte deixem o lugar aos sinais de vida (PAPA FRANCISCO, 2013).

Hoje, o processo de iniciação à vida cristã quer ser uma das alternativas que educa a fé e prepara o cristão para sua missão, destacando para isso a importância de uma metodologia adequada para se percorrer um caminho de fé com inspiração catecumenal por um itinerário que possibilita progredir no conhecimento de Jesus Cristo. Não apenas caminhar para Ele... mas sim caminhar com Ele para conhecê-lo melhor, ouvir sua palavra e acolher seus ensinamentos numa experiência de encantamento e adesão. É permanecendo junto dele que se descobre o verdadeiro sentido de nossa vida de fé e de comunhão com o Senhor e o convite a um compromisso com a comunidade de vida cristã em vista da missão.

Tal processo favorece a experiência do encontro com o Senhor e a longa jornada de vida e fé que leva ao profundo e necessário encantamento abrindo a mente e o coração na busca de conversão.

O Documento de Aparecida, no número 278, oferece pistas para esse caminho de formação dos discípulos missionários apresentando cinco passos para esse processo de aproximação e adesão ao projeto de Jesus Cristo. São eles:

a) **O encontro:** Primeiro passo para o acolhimento da pessoa e palavra de Jesus Cristo. O anúncio de Cristo, proclamação querigmática, desperta para os passos sucessivos.

c) **O discipulado:** O caminho do discipulado favorece o conhecimento e o seguimento que acontece com o acolhimento das verdades da fé reveladas por Deus e vivenciadas na catequese permanente e na vida sacramental.

e) **A missão:** Percorrer o caminho com o Senhor e sentir-se fortalecido por Ele encoraja na busca de partilha e alegria de testemunhar e anunciar a Boa Nova do Reino de Deus.

b) **A conversão:** O discernimento e a vivência, aprofundando a mística do encontro com o Senhor, leva ao compromisso, à decisão de mudar o modo de pensar e viver. O encantamento por Jesus Cristo leva a uma profunda experiência de conversão que motiva para o seguimento.

d) **A comunhão:** Todo o itinerário proposto para o discipulado conduz a uma renovada vida cristã em vista da comunidade: a família, a paróquia, a congregação religiosa, as comunidades de vida e missão, os grupos, movimentos e associações.

Esses passos foram propostos no passado e servem até hoje. Da Galileia a Jerusalém e de Jerusalém para o mundo.

> Então Jesus aproximou-se e falou: "Toda a autoridade me foi dada no céu e sobre a terra. Portanto, ide e fazei discípulos meus todos os povos, batizando-os em nome do Pai e do Filho e do Espírito Santo, e ensinando-os a observar tudo o que vos ordenei! Eis que eu estarei convosco todos os dias, até ao fim do mundo" (Mt 28,18-20).

O alcance dessa missão primitiva, iniciada em Jerusalém (cf. Lc 24,47), ganhou força com o tempo e se estendeu para o mundo confirmando a universalidade da pregação do Amor que se deu por diferentes métodos.

1.1 O que é método?

Método é:
- Caminho para chegar a um fim e pelo qual se atinge um objetivo.
- Programa que estabelece uma série de operações que se devem realizar apontando erros evitáveis em vista de um resultado determinado.
- Processo ou técnica de ensino.
- Modo de proceder; maneira de agir; meio.
- Conjunto de recursos empregados para alcançar um objetivo.

Não basta conhecer os diferentes métodos, é necessário saber que todo método precisa ser aplicado respeitando os objetivos propostos para a catequese, a realidade do grupo em suas diferentes idades, pois "*A perfeita fidelidade à doutrina católica é compatível com uma rica diversidade no modo de apresentá-la*" (DGC, n. 122). No entanto é necessário considerar os riscos que corremos ao aplicar inadequadamente um método.

Servir-se de um método é, antes de tudo, tentar ordenar o trajeto através do qual se possa alcançar os objetivos projetados.

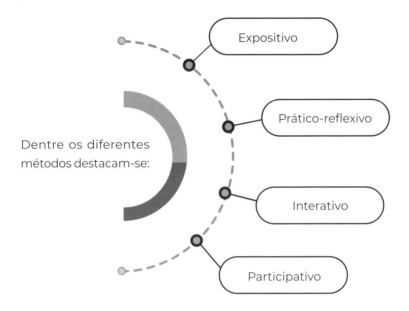

Dentre os diferentes métodos destacam-se:
- Expositivo
- Prático-reflexivo
- Interativo
- Participativo

O método expositivo

O método mais conhecido e utilizado por muitos anos na catequese e por muitos catequistas que se mantinham, e muitos ainda se mantêm, apoiados em manuais de catequese como única fonte e instrumento para a educação da fé é chamado de **expositivo**. O maior risco desse método é o de torná-lo o único caminho de transmissão da fé, quase como que um roteiro para o catequista, que lhe imprime um caráter meramente doutrinário, fechando os olhos às inúmeras mediações colocadas à disposição e que facilitarão ainda mais a tarefa de ser catequista.

O método expositivo pode contribuir muito quando na apresentação do tema são ressaltados os ensinamentos e mensagens para os encontros. A mensagem transmitida pelo catequista, retirada do texto e de sua reflexão sobre o mesmo, abre espaço para que seus catequizandos comecem a dialogar com a Palavra e despertar para a vida cristã. Isso é fundamental para o crescimento da fé. Agora, quando o catequista retira do texto sua reflexão e a apresenta como única possibilidade de se chegar à verdade da fé, aí então se pode dizer que o método se torna excludente e ultrapassado. Os catequizandos se tornam meros ouvintes. Ouvintes da Palavra de Deus e das palavras do catequista.

Sabe-se que o catequista reforça com algumas frases ou ensinamentos o tema para que os catequizandos memorizem a mensagem recebida. Aplica-se, em muitos casos, uma série de frases de efeito utilizadas para a memorização. Se o objetivo não for o de exigir que os catequizandos saibam "de cor" a doutrina cristã por meio de perguntas e respostas sobre o conteúdo, o método pode, mesmo com limitações, passar a mensagem do tema estudado.

O risco é esperar que os catequizandos possam dar uma resposta de fé a partir do que foi apresentado sem ser motivado para a experiência da participação, tornando-se meros espectadores. Outro desafio é o acentuado valor que se emprega no conteúdo doutrinal, nas formulações da fé pela Bíblia, Doutrina e Liturgia. A relação catequista-catequizandos se estabelece de cima para baixo. Em muitos lugares os catequistas são considerados professores, e os catequizandos, alunos.

Outros riscos:

× Transformar os encontros de catequese numa simples transmissão de conteúdos.

× Reduzir os catequizandos a ouvintes passivos diante das Verdades Reveladas por Deus.

× Acreditar que o catequista sabe o suficiente para ensinar e não considerar as contribuições do grupo.

× Considerar que, ao final de cada encontro, os catequizandos estão prontos para acolher o conteúdo da catequese e fazer uma verdadeira profissão de fé.

× Reduzir a catequese a um simples encontro que não desperta os catequizandos para o engajamento e para a experiência comunitária da fé.

× Não motivar o grupo para uma vida de oração comprometida com o Projeto de Jesus.

O Diretório Geral para a Catequese afirma que: "No processo de catequese, o destinatário deve poder manifestar-se sujeito ativo, consciente e corresponsável, e não puro receptor silencioso e passivo" (DGC, n. 167).

O método prático-reflexivo

Outro método muito trazido para a catequese, chamado **prático-reflexivo**, gera segurança e eficácia na educação da fé. Ele contribui para uma prática catequética mais dinâmica e transformadora. Por se apropriar de muitas mediações e valorizar um importante instrumento de análise que é a realidade – a vida concreta, esse método facilita a interação fé e vida. Todos os fatos e acontecimentos da vida, as expectativas, os desafios, as angústias, as esperanças, bem como os valores ou ausência deles, presentes na vida da comunidade e da sociedade são considerados ao fazer uma reflexão. A reflexão desperta o grupo para o compromisso, para uma ação consciente e eficiente de transformação.

O método **prático-reflexivo** parte da experiência de vida e leva à ação transformadora, procurando descobrir novos passos através do conhecimento da realidade, à luz da Palavra de Deus e do amadurecimento do grupo que se dá a cada encontro.

Pode-se dizer que o método é transformador porque faz crescer o espírito de comunhão como Igreja e o aprofundamento do Projeto de Deus na busca da unidade por meio da participação. Ao utilizar esse método deve-se considerar que a prática gera uma teoria e esta conduz a uma nova prática, isto é, os encontros de catequese tornam-se um processo permanente de educação da fé por uma atualização constante da realidade promovendo uma verdadeira experiência de vida e fé.

O método torna-se prático-reflexivo à medida que a experiência confirma o que diz a teoria, ou seja, a cada passo o "ver" vai se iluminando com a reflexão para um novo agir. O método foi dividido em passos por uma questão didática, pois a vida não é feita em pedaços, mas fases, etapas, de um processo de crescimento contínuo e integrado.

As etapas não acontecem isoladamente, elas estão interligadas entre si. Partindo dos acontecimentos e fatos da vida e da realidade conhecida dos catequizandos, todo o grupo é motivado a VER, olhar a vida e ter presente os interesses e as preocupações de cada um, da comunidade e da sociedade. Para tornar presente um acontecimento concreto pode-se recorrer a técnicas e dinâmicas para dramatizar situações, introduzir os catequizandos ao tema por uma dinâmica que seja lúdica e atraente, ou, ainda, aproveitar símbolos, imagens e manchetes de revistas e jornais, programas de TV e rádio, filmes e músicas que possam contribuir para realizar uma leitura e compreensão da realidade.

Tendo situado o fato, as causas, os valores ou ausência deles, deve-se procurar saber o que o grupo pensa, o que falam os meios de comunicação, o que fala a Igreja. Enfim, olhar o fato sob todas as óticas que estão ao alcance do grupo de catequizandos para não chegar a conclusões e compromissos precipitados, sem estar preparado para a próxima etapa: "julgar" – iluminar.

O Diretório Nacional de Catequese sugere substituir o termo julgar por ILUMINAR (cf. DNC, n. 157). Momento privilegiado para se colocar à escuta da Palavra de Deus e da palavra da Igreja. Iluminado pela Palavra de Deus e da Igreja, o grupo é convocado a confrontar a realidade com a resposta e a proposta de Deus. Trata-se de analisar, à luz da fé, a mensagem de Jesus Cristo a ser vivida pelos cristãos, relacionada ao tema da catequese em questão.

É importante destacar a necessidade de conversão, de mudança contínua na busca da vontade de Deus. Para desenvolver o momento de ILUMINAR é preciso ter um bom conhecimento da Bíblia e da doutrina da Igreja. É preciso conhecer o conteúdo da catequese. Todos os textos bíblicos ou documentos da Igreja devem ser bem preparados, estudados e compreendidos pelo catequista, na preparação dos encontros. Para este momento cabe ao catequista escolher dinâmicas bem adequadas para que cada catequizando possa acolher o texto como novidade, possa compreender a sua importância para o seu desenvolvimento como filho de Deus e cidadão cristão. A grande novidade do encontro, a resposta esperada, que ilumina e motiva para a ação surge de compreender o que o texto nos diz, como motiva cada um a buscar realizar a vontade de Deus.

O terceiro passo é o momento de tomar decisões, de decidir o que fazer. O processo catequético não pode se limitar apenas a uma contemplação. A catequese deve levar o catequizando ao encontro de Jesus Cristo e à sua identificação com Ele. Portanto, precisa partir, depois de refletir, para ações solidárias, concretas. Depois de confrontar a realidade com a Palavra é preciso descobrir o que mudar, o que corrigir, o que complementar, o que confirmar.

Agir é compromisso de viver a fraternidade em comunhão. É o momento de promover as pessoas como agentes ativos e criativos de transformação e renovar a vida da comunidade e da sociedade. É momento de descobrir a presença de Deus na vida do grupo, nas pessoas e nos acontecimentos. É momento de refletir sobre qual seria a atitude de Jesus frente a cada situação e descobrir qual ação concreta Ele propõe para a transformação pessoal, comunitária e social.

O Diretório Nacional de Catequese acrescentou ao processo reflexivo e prático, as etapas: celebrar e rever (cf. DNC, n. 161-162). Uma caminhada catequética pode ser enriquecida ainda mais com momentos de oração, ritos e celebrações, a fim de levar o catequizando a fazer uma verdadeira e profunda experiência da graça divina e a participar do amor que brota da comunidade trinitária. CELEBRAR é, antes de tudo, dar graças a Deus, dialogar com o Senhor; é rezar o que aconteceu ao longo da caminhada. A dimensão orante e celebrativa, à luz da prática de Jesus, pode ser fortalecida por variadas formas de oração adequadas ao tema e à idade dos catequizandos.

Outro passo muito importante é o momento de REVER, avaliar a caminhada, tomar consciência de como se pode melhorar o compromisso do grupo no processo catequético. Avaliar é chegar a um novo ponto de partida. É ter consciência que sempre surgem novos questionamentos, novos desafios.

O momento dinâmico de avaliação ajuda a se libertar das rotinas paralisantes e confirma que a caminhada feita pelo grupo se dá sob o impulso do Espírito Santo, com passos seguros e perseverantes. Ao rever é possível ver um novo fato, uma nova realidade e iniciar todo o processo de aprender, de recomeçar, novamente. É hora de ver que, iluminado pela Palavra, o grupo é capaz de agir e celebrar mais uma vez munido de motivação para gestar um novo jeito de ser e agir na comunidade familiar, catequética, comunitária, escolar etc.

Embora este método propicie trabalhar o tema de forma envolvente, abrangente, comunitária e possibilite uma experiência de participação e ação como transformação da realidade, favorecendo o desenvolvimento dos valores individuais e coletivos, não está isento de correr alguns riscos, tais como:

- ⨯ Transformar a catequese em um simples levantamento da realidade.

- ⨯ Julgar a partir de uma visão desfocada dos princípios éticos e cristãos, fundamentais para o ser humano.

- ⨯ Considerar que, ao final de cada encontro, os catequizandos estão prontos para agir.

- ⨯ Reduzir o agir a um simples levantamento de gestos concretos.

- ⨯ Não celebrar a vida, a conquista, a caminhada, mas recitar orações prontas e sem sintonia com o tema proposto e trabalhado.

O método interativo

Talvez nos últimos anos tenha crescido muito a iniciativa de se pensar uma catequese mais envolvente. A busca de interação entre os participantes de um grupo, familiar ou eclesial, tem se destacado pela riqueza da dimensão pessoal e comunitária que se aplica ao **método interativo**.

O **método interativo** sugere partir para o aprofundamento do tema pelo conhecimento da realidade ou por meio de uma mediação eclesial. Este método é mais indicado para a catequese com adultos, uma vez que considera a experiência de vida como ponto de partida em um dos caminhos propostos.

> A Palavra de Deus não pode ficar no abstrato, mas precisa encontrar eco na vida. A riqueza da mensagem evangélica permanece ineficaz e como que extrínseca e superficial se não levar seriamente em conta a experiência dos catequizandos, o contexto em que vivem, as barreiras que têm, os sonhos, as esperanças que alimentam. Em vez de ir fornecendo respostas, teríamos que ouvir as perguntas que os catequizandos já trazem, em especial quando se trata de adultos (DNC, n. 165).

O método interativo propõe quatro momentos

1. **Apresentação do tema:** O tema pode ser apresentado por meio de técnicas e dinâmicas para a motivação do grupo. É o momento da acolhida e do despertar para a interação fé e vida.

2. **Contato com mediação:** Existem dois caminhos para se trabalhar o tema no encontro de catequese. Para que aconteça a interação é necessário passar pelos dois caminhos antes de dar passos para os outros momentos: a ação e a celebração.

1º CAMINHO

a) Dá-se por meio de um acontecimento, de um fato marcante na vida dos catequizandos. De algo ocorrido, durante a semana, na vida dos catequizandos, na comunidade, no bairro, na cidade ou no mundo. É o momento de despertar o interesse de todos para conhecer a realidade, o que aconteceu.

b) Trabalhar os sentimentos. Deixar que todos falem sobre o assunto e partilhem seus sentimentos em relação ao fato, deixar que todos participem.

c) Ouvir e acolher as experiências, registrar as emoções, as palavras, os valores, a interpretação e as representações apontadas pelos catequizandos a partir da experiência de cada um.

d) Confrontar as experiências registradas com o texto bíblico indicado para o encontro, que deve estar de acordo com o tema.

2º CAMINHO

a) Apresentar um texto bíblico como mediação eclesial, juntamente com outros textos, imagens, documentos da Igreja, se necessário. É o momento de ter contato com o texto-base: a mediação eclesial escolhida para o encontro.

b) Retirar do texto os ensinamentos e partilhar a mensagem com o grupo. A palavra deve ser partilhada e a mensagem é construída de forma coletiva. É o momento de fazer a experiência comunitária do estudo bíblico.

c) Refletir e acolher a Palavra de Deus como forma de se colocar em contato com a mensagem que o tema do encontro propõe.

d) Aplicar na vida tudo o que foi refletido. A Palavra nos remete à vida, a acontecimentos que vemos ou vivemos no dia a dia. Isto requer olhar a vida e assumir um posicionamento diante do aprendido.

··

Isso é importante!

Se a opção for iniciar pelo 1º caminho que tem por mediação os acontecimentos da vida, depois do item "d" deve-se passar para o 2º caminho que tem por mediação a Palavra de Deus, e vice-versa.

··

Considerando a escolha do caminho a percorrer, que pode variar de acordo com o tema, é importante fazer a INTERAÇÃO através do diálogo com os catequizandos procurando saber:

O que se pode compreender melhor agora?

O que se pode fazer para melhorar o jeito de pensar e de agir?

3. **Ação:** É o momento de seguir para uma nova orientação de vida. Para um agir transformador, comprometido com a pessoa humana, com a comunidade e a sociedade.

4. **Celebração:** É o momento de celebrar a grande novidade descoberta na catequese, e comunicar aos outros a alegria de como se pode encontrar Jesus: Caminho, Verdade e Vida. É hora de celebrar com a vida a alegria de caminhar com Jesus em comunidade e testemunhar seus ensinamentos.

Este método possibilita trabalhar o tema do encontro de forma interativa, considerando a participação do grupo na escolha do caminho a percorrer. A experiência de interação se dá quando o grupo é motivado a decodificar as mediações apresentadas pelos caminhos que convidam a acolher as experiências da vida e a Palavra de Deus. destaca-se a valorização do grupo e do diálogo que acontece entre os participantes respeitados como agentes ativos no processo de educação da fé.

Assim como nos outros métodos, deve-se ficar atento aos riscos, quais sejam:

× Optar por um caminho excluindo o outro.

× Não motivar os catequizandos para a reflexão e participação.

× Não ouvir os catequizandos, nem acolher a contribuição do grupo.

× Não motivar o grupo para a ação e para a celebração.

O método paricipativo

Por fim, o **método participativo** é outro método que ganha destaque no cenário eclesial, sobretudo na catequese. O método envolve o grupo em todas as etapas da ação, antes, durante e depois. Todos são iguais e tornam-se sujeitos no processo catequético. Os resultados alcançados são: corresponsabilidade, igualdade, maturidade, compromisso, crescimento e comprometimento.

Para alcançar os objetivos da catequese, o catequista que optar por esse método precisa assumir três grandes princípios:

Conhecer bem o catequizando: Conhecer, valorizar e respeitar as diferentes idades e realidades dos catequizandos. Motivar o catequizando para a experiência de conversão e levá-lo a assumir o seu papel, dentro e fora da comunidade, como verdadeiro cristão.

Conhecer bem o conteúdo: Conhecer bem o conteúdo da catequese para saber adequá-lo às diferentes idades dos catequizandos. Saber eleger um temário catequético apropriado para possibilitar uma verdadeira caminhada da fé e não um simples ensino da doutrina. Para isso, deve-se ter a Bíblia como fonte de inspiração e uma mediação para a catequese apresentar Jesus Cristo como o amigo fiel que se faz caminho para o Pai e juntos nos envolvem com o Espírito Santo.

Conhecer bem as estratégias: Conhecer os recursos necessários para a transmissão da fé. Utilizar diferentes textos e estratégias na catequese, mas sempre adequados aos temas e à realidade dos catequizandos. Possibilitar a participação de todos num processo permanente de educação da fé de forma dinâmica, atraente e comprometida.

No método participativo destaca-se a necessidade de respeitar o processo de desenvolvimento do catequizando considerando a sua história de vida, indo ao seu encontro e procurando aceitá-lo, valorizando suas características como pessoa única e especial para Deus e para a comunidade. Esse método requer um cuidado especial para cada passo a ser dado que compreende os momentos desenvolvidos na sua aplicação/desenvolvimento, vejamos:

1º PASSO: Na apresentação do tema – Propor o tema como meio para realizar uma caminhada na fé e não um simples ensino da doutrina a se conhecer.

2º PASSO: No contato com elementos de mediação, quais sejam:

a) Texto bíblico – O texto bíblico é o referencial de mediação para o encontro. Este deve ser apresentado como a base das reflexões que acontecerão no encontro e instrumento do qual os ensinamentos serão retirados para favorecer, no momento oportuno, a formação da fé e da consciência, para a oração e para o engajamento.

b) Texto complementar – Reúne os elementos da vida e seus acontecimentos. Serve como elemento de mediação para a compreensão do tema. Isso não significa que, por serem considerados complementares, sejam menos importantes. O texto complementar propicia a experiência de comunhão na qual, catequistas e catequizandos, caminham sempre juntos. Tem sentido horizontal, valoriza o grupo e possibilita a formação integral da pessoa. Seu conteúdo é apresentado de forma interativa contemplando no processo: a motivação, o diálogo e a complementação do catequista.

3º PASSO: Motivação – Momento de despertar o interesse para o tema através do diálogo. É importante acolher a contribuição dos catequizandos lembrando que as respostas deverão ser completadas ou corrigidas, nunca rejeitadas.

4º PASSO: Complementação – A contribuição do catequista se dá com a sua participação ao ressaltar os ensinamentos retirados da Palavra de Deus e da experiência de vida dos catequizandos, favorecendo:

a) A formação da fé: porque são chamados a viver a fé, acolhendo as Verdades Reveladas.

b) A formação da consciência: porque são chamados à conversão, à mudança, assumindo como modelo de vida a prática da justiça, da promoção da paz, da valorização da pessoa e do bem.

c) A formação para a oração: porque são chamados à vida orante na comunhão fraterna, na liturgia e nos sacramentos.

d) A formação para o engajamento: porque são chamados ao serviço pastoral e missionário, assumindo compromisso com a solidariedade e a caridade.

Este método privilegia a inclusão, o acolhimento da pessoa como um ser humano único, diferente, especial. A dinâmica se dá num sentido horizontal, valoriza o grupo e possibilita a formação integral da pessoa nas diferentes idades, dimensões e realidades. Todos participam, crescem na fé e se comprometem. Também para esse método se deve ficar atento para possíveis riscos, quais sejam:

× Optar apenas por uma mediação.

× Não acolher os catequizandos não procurarando conhecer sua história de vida, suas habilidades e dimensões psicofísicas.

× Transmitir o conteúdo sem conhecimento.

× Não propor um itinerário processual e adequado às diferentes idades.

O Diretório Geral para a Catequese aponta para a escolha de um bom método na catequese, pois a transmissão da fé requer fidelidade às verdades da fé inspirada na pedagogia divina.

> Um bom método catequético é garantia de fidelidade ao conteúdo (DGC, n. 149). Na transmissão da fé, a Igreja não possui um método próprio, nem um método único, mas sim, à luz da pedagogia de Deus, discerne os métodos do tempo, assume com liberdade de espírito "tudo o que é verdadeiro, nobre, justo, puro, amável, honroso, virtuoso ou que de qualquer modo mereça louvor" (Fl 4,8) (DGC, n. 148).

Portanto, é bom ficar de olho na metodologia e nos objetivos a fim de se chegar a uma catequese que supere a angústia de uma formação mecânica, intimista e alienante. É urgente propor um itinerário processual que nos ajude a permanecer atentos ao caminho a seguir e optar por um método adequado à realidade, que contribui no agir catequético e mantenha a formação para a competência, a flexibilidade e a alteridade.

LEMBRE-SE CATEQUISTA

PERCORRENDO

CAMINHOS NO CAMINHO

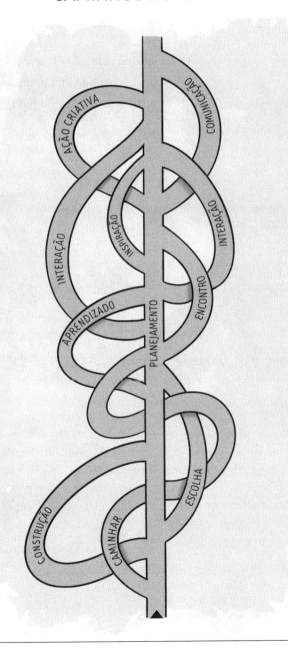

2

CAMINHO A SER CONSTRUÍDO

"O que vale na vida não é o ponto de partida e sim a caminhada. Caminhando e semeando, no fim terás o que colher."

(Cora Coralina)

Assim como todo ser humano é um ser em construção, pode-se dizer que metodologia catequética é um caminho a ser construído.

O que queremos?

O que faremos?

Com quem vamos trabalhar?

Quando?

Onde?

São tantas perguntas que nos vem à cabeça, mas nos ajudam a construir, passo a passo, uma relação saudável e fraterna com nossos catequizandos.

O caminho que buscamos seguir vai sendo aos poucos construído. E essa construção não está limitada a um espaço, mas se abre ao conhecimento da pessoa. Estabelecer um vínculo com as pessoas é o melhor caminho para a construção de um trabalho eficaz na catequese.

O primeiro passo é conhecer a realidade para depois avançar no conhecimento da comunidade, das famílias, dos catequizandos e dos próprios agentes que estão a serviço da evangelização.

2.1 O conhecimento da realidade dos catequizandos

É urgente tirar tempo para VER os muitos caminhos no caminho. Iniciemos pelo caminho a ser construído.

> *Como começar um processo de iniciação à vida cristã*
> *sem conhecer o chão que pisamos? Sem conhecer a*
> *nossa gente, nosso lugar, nossos catequizandos?*

Todo agir catequético requer conhecimento do lugar no qual será realizado, do grupo que será envolvido e das pessoas que serão beneficiadas pelo esforço de todos que se colocam a ser um com o outro, um para o outro.

A catequese é a preparação fundamental para uma longa jornada de fé. É o caminho para o discipulado. Caminho a ser percorrido por pessoas, catequistas e catequizandos, que se encantam com as palavras do Mestre, por seus ensinamentos, por sua pessoa e pela certeza de que se faz presente para juntos construírem um importante projeto de revelação e aprofundamento das verdades da fé.

No caminho do discipulado é necessário VER o caminho que vai sendo construído, passo a passo, e em cada gesto de participação e empenho na construção do itinerário de educação permanente de fé. Itinerário que seja capaz de formar e acompanhar os novos discípulos missionários de Jesus. Tal itinerário precisa priorizar a dimensão experiencial do encontro com a pessoa de Jesus Cristo que se dará com uma iniciação e vivência fortalecidas na Palavra, nos sacramentos e na comunidade.

Caminhando, deixamos marcas no chão por onde pisamos, entrelaçamos os nossos passos aos do Mestre que caminha à nossa frente tornando-nos capazes de experimentar a força de sua presença. O encontro com Ele é capaz de deixar marcas e plasmar a identidade cristã nos que são chamados e atraídos para ser Igreja como discípulos missionários comprometidos com o Evangelho da vida.

Assim faziam os primeiros cristãos!

A fé dos primeiros cristãos era expressão da oferta de si mesmo a Cristo, revelador da verdade e da Boa Nova da salvação. A consciência de filiação e direito à herança divina, o conhecimento do mistério de Deus e o dom do Espírito Santo eram conquistados pela adesão a Jesus, filho de Deus (cf. Ef 1,1-14). Essa adesão tornava-os seguidores do *Caminho*, como eram chamados. Essa linda imagem de uma comunidade do *Caminho* está muito presente nos escritos de Lucas, no Evangelho e no Livro dos Atos dos Apóstolos, com a finalidade de apresentar um itinerário catequético. Itinerário que favorece a solidez da fé ao jovem Timóteo, recém-iniciado na fé e a todos que se juntavam à comunidade que crescia no amor ao Senhor. Temos assim o verdadeiro testemunho de Lucas, discípulo de Paulo, fazendo novos discípulos com sua preocupação catequética de revelar *"No meu primeiro livro, ó Teófilo, tratei de tudo o que Jesus fez e ensinou"* (At 1,1).

Como os primeiros cristãos, hoje somos nós a comunidade do *Caminho*. Fazer parte dessa comunidade é expressão de compromisso na construção de um Reino anunciado por Jesus. Para a Igreja peregrina, que caminha através do tempo, a missão é lançar sementes de esperança, na dinâmica do Reino, no dinamismo do Espírito que sopra e na ternura do amigo Jesus que conhece e confia naqueles que seguem seus passos e juntos fazem o caminho.

Se o itinerário catequético é um processo de iniciação à vida cristã e tem por objetivo o alegre anúncio do mistério de Deus, sua eficácia será confirmada no modo como o *caminho de amadurecimento na fé* possibilita o conhecimento de Jesus Cristo, que se constrói ao longo de toda a caminhada. Tudo deverá ser construído na comunidade eclesial e por ela, no tempo oportuno e adequado aos seus grupos e realidades para que avancem no crescimento de uma relação mais estreita com Deus e com os irmãos.

É da comunidade cristã que são chamados os catequistas para a missão de evangelizar e, das famílias, os catequizandos. Temos aqui duas realidades: **comunidade e famílias**, a serem conhecidas para o início de muitos passos no caminho do discipulado.

Conhecer a comunidade

A comunidade cristã traz em si a marca de que foi formada na escola dos apóstolos de Cristo, pois foi dele que receberam o mandato: *"Ide e fazei discípulos entre todas as nações, e batizai-os em nome do Pai, e do Filho e do Espírito Santo. Ensinando-lhes a observar tudo o que vos tenho ordenado..."* (Mt 28,19-20). Jesus pensou numa comunidade de formadores. Os apóstolos aprenderam com o Mestre tudo o que era preciso viver e anunciar. Tiveram a oportunidade de aprender e saciar a sede de conhecimento na própria fonte de vida e esperança.

Ele falava aos discípulos e à grande multidão com a mesma ternura e atenção que tinha quando estava pessoalmente diante de um pecador, de uma criança, de uma mulher, de um pobre ou de um de seus opositores. Ensinou sobre a hora de falar e de ouvir, de anunciar e denunciar, de questionar e se calar. Revelou seu conhecimento e profunda obediência que revelavam sua humildade e paciência para acolher os acontecimentos da vida, respeitando sempre a vontade do Pai. Conheceu o seu povo, sua gente, seus costumes e sua religião, bem como, suas fragilidades e pecados, suas fraquezas e resistências.

Ao formar uma comunidade de irmãos, Jesus não pensou em dar vida a uma comunidade exclusiva e fechada. Quis formar e acompanhar uma comunidade que vivesse a comunhão, sinal da comunidade trinitária. Em Jesus se revela o Deus comunhão, o Deus Trindade! Seu mandato: *ide... fazei discípulos... batizai-os...* em nome da Trindade é o que os apóstolos deviam observar. Ele pede à sua comunidade de fé e vida que iniciem o processo de formação de novos seguidores, novas comunidades. Animador do grupo, prometeu estar com eles para acompanhar a missão (cf. Mt 28,20), para que todos fossem assinalados pela vida da Trindade.

As novas comunidades surgiam pela adesão à fé em Cristo, professada pelos apóstolos e que se fortalecia nas casas, lugar dos encontros. Lá *"eram perseverantes em ouvir o ensinamento dos apóstolos, na comunhão fraterna, na fração do pão e nas orações"* (At 2,42).

Hoje, a Igreja é chamada a dar testemunho de comunhão e se tornar comunidade de comunidades, que vive autenticamente a experiência cristã. O papa Francisco tem insistido na declaração de que a Igreja é Mãe que cuida de seus filhos, que ama seus filhos e sua casa. Casa de acolhimento, com portas e o coração abertos para o povo.

O VER está condicionado pelo olhar. A realidade de nossas comunidades deve ser vista com olhos de discípulos missionários, um *"olhar do discípulo missionário que 'se nutre' da luz e da força do Espírito Santo"* (EG, n. 50).

Como classificar a realidade de sua comunidade?

Que imagem ela reflete para a sociedade?

Quais desafios são possíveis de se identificar?

A participação na vida eclesial em sua comunidade tem favorecido a experiência de comunhão e missão?

Voltando à catequese dos apóstolos, o Livro dos Atos dos Apóstolos relata que eles eram incansáveis na pregação, *"pelas casas, não cessavam de ensinar e anunciar que Jesus é o Cristo"* (At 5,42); Paulo diz: *"Nunca deixei de anunciar aquilo que pudesse ser de proveito para vós, nem de vos ensinar, publicamente e de casa em casa"* (At 20,20). Ao passar de casa em casa, tinham a oportunidade de conhecer de perto a realidade das famílias, das pessoas que demonstravam o desejo de ingressar na comunidade de fé por força do testemunho espiritual e missionário dos apóstolos.

Conhecer as famílias

É importante conhecer a realidade de nossos catequizandos, conhecer suas famílias! Saber o nome, onde moram, com quem vivem e em que condições, quais são suas motivações, suas esperanças e angústias também. Para conhecer é preciso dar um passo de aproximação.

No caminho, construímos relações estabelecendo vínculos para fortalecer o processo de iniciação à vida cristã. Jesus pediu que seus discípulos entrassem na casa (cf. Mc 6,10). Para entrar na vida é preciso entrar na casa, conhecer o lugar no qual a vida acontece, no qual os sonhos são gestados, no qual as dores são partilhadas e o amor que circula feito vento que restaura. Sabemos que não é assim em todas as casas, mas, para saber, temos que conhecer.

Os primeiros discípulos querendo saber um pouco mais sobre a vida de Jesus buscaram saber onde era sua casa: *"'Mestre, onde moras?' Ele respondeu: 'Vinde e vede'"* (Jo 1,38-39). Os discípulos foram e permaneceram com Ele. Assim começou a experiência de vida e comunhão entre Jesus e seus novos amigos.

Jesus sempre valorizou a casa das famílias. No tempo em que andou pela Galileia, visitou muita gente, pessoas e famílias. Entrou em muitas casas e em muitas vidas.

Recordemos as 12 casas visitadas por Jesus:

- casa em Caná da Galileia, casamento (cf. Jo 2,1-12) levando alegria;
- casa de Pedro (cf. Lc 4,38-39), levando a cura;
- casa de Mateus (cf. Mt 9,9-13), levando o arrependimento;
- casa em Cafarnaum (cf. Lc 5,17-26), levando a restauração;
- casa de Simão, o leproso (cf. Lc 7,36-46), levando o perdão;
- casa de Marta e Maria (cf. Lc 10,38-42), levando a Palavra;
- casa de Jairo (cf. Lc 8,40-56), levando a vida;
- casa de Zaqueu (cf. Lc 19,5-10), levando a salvação;
- casa do centurião, à distância (cf. Lc 22,10-1), levando a fé;
- casa de Caifás, sumo sacerdote (cf. Mt 26,57-69), levando a força de sua missão;
- casa em Emaús (cf. Lc 24,13-35), levando o reconhecimento do Ressuscitado ao partir o pão;
- casa dos discípulos, cenáculo (Jo 20,19-23.26-29), levando o Espírito Santo.

Também Ele foi procurado em sua casa (cf. Mt 8,28-31; 13,36-43; Mc 1,33; 3,20). Muita gente cercava-o em sua casa para receber a cura, a esperança e a vida. Ao enviar os discípulos em missão, deu a orientação de que entrassem nas casas do povo a fim de levar a paz (cf. Mt 10,12-14).

Todo ser humano é fortemente marcado pelo dinamismo das relações, pois é na experiência do encontro que uma pessoa entra na realidade de outra. Entrar na casa é como entrar na vida de uma pessoa, uma vez que a vida se revela na mágica do encontro. Quando o catequista é sensível aos anseios de seus catequizandos, ele se torna mais amigo, mais próximo e mais comprometido em anunciar e ensinar, como disse Paulo (cf. At 5,20).

Catequistas e comunidades devem assumir conduzir pela mão todos aqueles que buscam o Senhor. Por isso, *é urgente uma revitalização da comunidade paroquial para que nela resplandeça, cada vez mais, a comunidade acolhedora, samaritana, orante e eucarística* (CNBB, Doc. 100, n. 56).

Conhecer a realidade de nossos catequizandos ajuda a identificar as luzes e as sombras que estão presentes em suas famílias. Favorece o acolhimento e acompanhamento em todo o processo de conversão e adesão a Jesus Cristo.

> *Quais são as luzes e as sombras possíveis de se observar na realidade das famílias, hoje?*
>
> *A crise de afeto e de dificuldade de criar vínculos tem atingido e fragilizado as famílias?*
>
> *Como contribuir para a restauração de laços afetivos na família e na comunidade?*

Vimos que ao redor de Jesus a comunidade de discípulos e muitos seguidores foram aprendendo com Ele um novo jeito de viver. Ele comunicava a todos uma nova forma de ser e agir, configurando-os com uma nova identidade. Se já é importante conhecer a realidade da comunidade e das famílias, pensemos agora em nossa própria realidade como catequistas.

O que sabemos sobre a natureza e a finalidade da catequese?

NATUREZA – A catequese é, em primeiro lugar, uma ação eclesial. A Igreja transmite a fé que ela mesma vive, e o catequista é um porta-voz da comunidade e não de uma doutrina pessoal (cf. CR, n. 145). Ela transmite o tesouro da fé (*traditio*) que, uma vez recebido, vivido e crescido no coração do catequizando, enriquece a própria Igreja (*redditio*). Ela, ao transmitir a fé, gera filhos pela ação do Espírito Santo e os educa maternalmente (cf. DGC, n. 78-79). A catequese faz parte do ministério da Palavra e do profetismo eclesial. O catequista é um autêntico profeta, pois pronuncia a Palavra de Deus, na força do Espírito Santo. Fiel à pedagogia divina, a catequese ilumina e revela o sentido da vida (DNC, n. 39).

FINALIDADE – A finalidade da catequese é aprofundar o primeiro anúncio do Evangelho: levar o catequizando a conhecer, acolher, celebrar e vivenciar o mistério de Deus, manifestado em Jesus Cristo, que nos revela o Pai e nos envia o Espírito Santo. Conduz à entrega do coração a Deus, à comunhão com a Igreja, corpo de Cristo (cf. DGC, n. 80-81; Catecismo, n. 426-429), e à participação em sua missão (DNC, n. 43).

Seja qual for o grupo de catequizandos: crianças, adolescentes, jovens ou adultos, o catequista precisa se identificar com ele para que o itinerário catequético seja um verdadeiro processo de interação e iniciação à vida cristã, a fim de educá-los para a vida da comunidade, que celebra e testemunha o compromisso com Jesus.

Conhecer-se para conhecer

A motivação necessária para a prática catequética está intrinsecamente ligada ao perfil do catequista. Este deverá seguir o princípio: *Motivar-se para motivar*. Ninguém motiva ou desperta outra pessoa se não estiver intimamente motivado, consciente de sua dedicação e comprometido com sua missão.

Vale conferir no Diretório Nacional de Catequese (DNC, n. 262-276) as dimensões da formação do catequista quando aborda o seu perfil a partir da tríplice interação entre as dimensões: SER, SABER, SABER FAZER.

A formação adequada dos catequistas é um processo de crescimento no conhecimento fortalecido pela inspiração e motivação para o compromisso com a missão. As três dimensões – o ser, o saber e o saber fazer – fazem parte de um caminho a ser construído. Estas dimensões são desenvolvidas à medida que se realiza a experiência de ser catequista.

- **Ser pessoa...**
  - * Que ama viver e se sente realizada.
  - * De maturidade humana e de equilíbrio psicológico.
  - * De espiritualidade, que quer crescer em santidade.
  - * Que sabe ler a presença de Deus nas atividades humanas.
  - * Integrada no seu tempo e identificada com sua gente.
  - * Que busca, constantemente, cultivar sua formação.
  - * De comunicação, capaz de construir comunhão.

O processo de formação do catequista ajuda-o a descobrir o quanto é importante buscar seu amadurecimento como pessoa e cristão ou cristã, e também como apóstolo ou apóstola no caminho do seguimento.

- **Saber requer conhecimento**
  - * Da Palavra de Deus.
  - * Dos elementos básicos que formam o núcleo da fé.
  - * De princípios pedagógicos e de outras ciências humanas.
  - * Das referências doutrinais e de orientação.
  - * Suficiente da pluralidade cultural e religiosa.
  - * Das mudanças que ocorrem na sociedade.
  - * Da realidade local, da história dos fatos, acontecimentos, festas da comunidade.
  - * Dos fundamentos teológico-pastorais, para ser voz de uma Igreja com rosto misericordioso, profético, ministerial, comunitário, ecumênico, celebrativo e missionário.

O conhecimento e a experiência tornam o catequista "voz de uma Igreja com rosto misericordioso, profético, ministerial, comunitário, ecumênico, celebrativo e missionário" (DNC, n. 269h).

- **Saber fazer atuando como pessoa capaz de**
  - * Testemunho e confiança.
  - * Cultivar a boa convivência através de um relacionamento: afetuoso, acolhedor, misericordioso e fraterno.
  - * Realizar a educação da fé com possibilidade de desenvolver poten-cialidades, qualidades e capacidades para maior maturidade humana e cristã.
  - * Promover a comunicação da vida e da fé.
  - * Integrar elementos de pedagogia na sua prática, fundamentando-a na pedagogia divina.

Com a contribuição do catequista como alguém que está motivado para assumir suas responsabilidades, o encontro de catequese facilitará todo o aprendizado dos catequizandos que serão motivados a aprender e viver tudo o que for revelado.

O encontro de catequese, portanto, será espaço para motivar e dar respostas às necessidades dos catequizandos, pois está provado que só aprendemos de fato o que corresponde a uma necessidade vital.

Pode-se considerar como necessidades vitais a serem atendidas no encontro de catequese:

* Necessidades fisiológicas: a alimentação, o sentir-se cuidado, as atividades físicas, o descanso.
* Necessidade de segurança: o acolhimento, o afeto.
* Necessidade de integração: o sentir-se parte do grupo, o ser escutado, o diálogo, a cooperação.
* Necessidade de reconhecimento: o sentir-se acolhido, respeitado e valorizado.

Ainda podemos destacar as necessidades de:
* Compreender e dar sentido à vida.
* Se realizar e se desenvolver como ser humano e cristão.
* Se comunicar e estabelecer novas relações.

Eis que chegamos a reconhecer um passo fundamental para alcançar os objetivos da catequese. Toda a ação catequética deve ser conduzida por uma formação orgânica e sistemática da fé cristã, guiando-se por um conjunto de objetivos devidamente estabelecidos nos itinerários catequéticos propostos, pois são eles que iluminam e direcionam o caminhar.

Olhar a realidade para determinar objetivos

Um catequista comprometido com a história e a vida de sua comunidade é capaz de descrever a realidade em que vive e trabalha. Assim, conhecendo a realidade, saberá orientar-se para elaborar um planejamento que leve ao cumprimento da missão: favorecer ao catequizando possibilidades para que ele professe, de forma viva, explícita e atuante a fé em Jesus Cristo e dê testemunho de uma vida cristã autêntica.

Em harmonia com os objetivos propostos ao itinerário catequético, e em coerência com a finalidade da catequese, é necessário traçar um caminho, seguir uma metodologia que oriente e assegure o êxito de toda a ação catequética. Com objetivos concretos e alcançáveis, o catequista poderá pensar e propor estratégias, técnicas e recursos adequados às diferentes idades e realidades, a fim de orientar e motivar os catequizandos no crescimento da fé e compromisso com a comunidade eclesial.

Em sua Exortação Apostólica *Catechesi Tradendae*, João Paulo II afirmou que a catequese precisa

> de uma renovação contínua, mesmo em certo alargamento do seu próprio conceito, nos seus métodos, na busca de uma linguagem adaptada e na técnica dos novos meios para a transmissão da mensagem (CT, n. 17).

Tal renovação contribui para que o itinerário catequético seja organizado de forma que as verdades da fé e a inserção na vida cristã sejam feitas de um modo progressivo e sistemático. Para tanto, é imprescindível que os catequistas desenvolvam competências para contribuir na formação integral de seus catequizandos, superando os desafios e possibilitando caminhos para a participação efetiva de todos na vida da Igreja. Por isso, é válido ter presente que

> a finalidade definitiva da catequese é a de fazer que alguém se ponha, não apenas em contato, mas em comunhão, em intimidade com Jesus Cristo: somente Ele pode levar ao amor do Pai no Espírito e fazer-nos participar na vida da Santíssima Trindade (CT, n. 5).

A metodologia catequética com inspiração catecumenal é de fundamental importância para que o processo de educação da fé e iniciação à vida cristã sejam o "fermento de renovação eclesial" (DGC, n. 78), ao garantir em sua prática que os encontros sejam espaços e meios para ajudar os catequizandos a realizar o encontro íntimo com o Senhor. Isto será uma meta mais fácil de atingir a partir da predisposição do catequista em dedicar-se a conhecer a realidade da comunidade, das famílias, bem como a sua própria realidade. Somente tendo os olhos atentos à realidade é que o catequista conseguirá fazer ressoar a alegria do Evangelho nos corações dos catequizandos, pois seu discurso falará à vida deles.

LEMBRE-SE CATEQUISTA

CAMINHO A SER CONSTRUÍDO

3

CAMINHO ESCOLHIDO

"Uma longa caminhada começa
com um simples passo!"

(Provérbio chinês)

Um grande sinal de maturidade e responsabilidade no que se faz é *a capacidade de* realizar escolhas acertadas para o bom trabalho. Nem sempre acertamos, mas o importante é refletir sobre o caminho a seguir. Toda escolha nos proporciona uma experiência de opções e renúncias. A catequese é feita de escolhas: o local, os recursos, o método, as atribuições, os temas, as estratégias... e toda escolha é um aprendizado, pois a descoberta se dá no caminho das escolhas.

Mas toda escolha deve ser aliada da perseverança e determinação. A grande motivação para o nosso agir catequético vem da possibilidade de crescer sempre, de se tornar um aprendiz que com muita determinação e perseverança se coloca na escola do discipulado, ouvindo e seguindo o Mestre. Em sua catequese, Jesus motivava os ouvintes a fazer uma caminho de escolhas. Em sua missão se dedicou no anúncio do Reino como nova realidade para quem desejava se aproximar de Deus.

Quantos passos Ele deu com seus discípulos
e outros seguidores?

Quantas palavras? Ensinamentos?

Atitudes de acolhimento e ternura?

Quantas perguntas Jesus fez aos seus ouvintes?

Quantas respostas foram dadas com seus gestos?

Um caminho de escolhas requer atenção nos passos que damos e foco no que buscamos, pois sempre se pode fazer novas escolhas em favor de um agir catequético mais abrangente, ou seja, motivador e atualizado. E assim, confirmamos o compromisso com o processo de educação da fé.

3.1 O agir catequético requer escolha, determinação e perseverança

Iluminar a realidade com a Palavra de Deus, com a doutrina da Igreja e com as ciências humanas torna-se um passo determinante para todo o agir catequético. O conhecimento da realidade de nossa comunidade e de nossos catequizandos se completa com a iluminação da realidade feita à luz da fé e pela ciência. Esse iluminar implica a escuta dos desígnios de Deus, que se valendo da contribuição das ciências da educação, favorece a todos no momento de decidir o que fazer e como fazer... Como melhorar as ações.

> O catequista é, intrinsecamente, um mediador que facilita a comunicação entre as pessoas e o mistério de Deus, e dos sujeitos entre si e com a comunidade (DGC, n. 156).

A arte de conduzir pessoas para a maturidade da fé e o conhecimento de Jesus Cristo (cf. 2Pd 3,18) exige do catequista habilidades que o tornem capaz de interpretar o processo de aprendizagem para favorecer a iniciação dos catequizandos à vida cristã. É necessário saber analisar e escolher o que se pode trazer para a dinâmica de educação da fé a fim de que se tenha uma catequese bem programada e coerente com a sua finalidade e tarefa.

Para que o catequista se prepare com a finalidade de facilitar o caminhar de seus catequizandos na experiência de vida cristã é importante que, adaptando os princípios da pedagogia catequética ao seu modo de atuar, estabeleça ações possíveis de realizá-las. Para tanto é importante conhecer bem o conteúdo da catequese para estabelecer um plano e realizar suas escolhas, conduzir a sua ação catequética.

O agir catequético requer um posicionamento! Lembremo-nos de Jesus que ao chegar em Jericó, em uma de suas viagens, encontrou-se com Zaqueu. Ele percebeu a presença de Zaqueu que estava no alto de uma árvore porque queria vê-lo. Aqui temos uma pista para o nosso agir... Perguntemos: O que determina as nossas escolhas? Qual é o material que temos em mãos? Onde acontecerá o encontro de catequese?

As respostas a estas perguntas são muito importantes, mas a nossa escolha tem que se pautar na sensibilidade de perceber a presença do outro e suas necessidades, de acolher, escutar, dialogar, acompanhar...

Jesus, ao se dirigir a Zaqueu, disse: "Desce!" Vem para o chão... As nossas escolhas dependem da nossa capacidade de firmar os passos, sentir o chão que pisamos, o espaço e tempo que temos. Lugar e momento para transmitir a fé. Zaqueu desceu, mas a conversa não aconteceu ao pé de uma árvore, todos testemunharam que eles seguiram juntos para a casa. Jesus quis entrar na casa de Zaqueu. Pedagogicamente, Jesus pensou na pessoa, no lugar e no momento para dirigir-lhe uma palavra, uma boa notícia: "Hoje a salvação entrou nesta casa" (Lc 19,9). Jesus estava determinado! Entrar naquela casa era o pretexto para entrar na vida, na intimidade de uma pessoa que estava ali diante dele para acolhê-lo.

É muito importante para o catequista saber dar esse passo de aproximação. Ter uma pessoa na catequese, seja ela criança, jovem, adulto ou idoso, é como ter uma obra-prima nas mãos para educá-lo na fé. O ser humano é uma obra-prima nas mãos de Deus. O catequista, no seu ministério, empresta sua sabedoria e habilidades para trabalhar com cada catequizando. Com respeito e amor vai favorecendo o crescimento humano e cristão de um ser que é portador de vida, de uma vida que é única, exclusiva e insubstituível. Assim, consciente de sua escolha, o catequista vai desenvolvendo o seu trabalho de conduzir pessoas para Jesus.

O texto de Lc 19,1-10 convida os catequistas e outros agentes de pastoral a um compromisso com o outro em vista do que ele poderá conquistar. Zaqueu desceu daquela árvore, caminhou com Jesus por entre a multidão de pessoas que também estavam querendo vê-lo, abriu as portas de sua casa para Jesus entrar, escutou atento às suas palavras e se comprometeu em buscar uma vida nova. Ter se sentido acolhido por Jesus fez com que seu coração se abrisse a Ele. Zaqueu é para nós um exemplo de como um catequizando responde ao jeito de agir do catequista.

O catequista, portanto, como profundo conhecedor do método de Jesus, é capaz de orientar sua prática ao modo de agir de Jesus. Isso significa compreender que se na catequese não se apresenta Jesus, mas ao contrário, apenas se conta histórias sobre Ele, os catequizandos terão dificuldades para sentir a alegria de ser tocado por seu amor. O papa Francisco nos diz

> Quem se deixa atrair por este vínculo de amor e de vida com o Senhor Jesus torna-se um representante seu, um "embaixador" seu, sobretudo com o modo de ser, de viver. A tal ponto, que Jesus mesmo, enviando

os discípulos em missão, diz a eles: "Quem vos recebe, a mim recebe. E quem me recebe, recebe aquele que me enviou" (Mt 10,40) (PAPA FRANCISCO, 2017).

E isso serve como princípio para todos os catequistas: ser junto aos catequizandos embaixadores de Jesus Cristo, cientes de que Ele se faz presente no caminho. Este caminho é de escolhas. É feito com muita determinação e perseverança por parte especialmente do catequista, mas não só. As escolhas também se referem a seus catequizandos e demais envolvidos na caminhada catequética. A perseverança do catequista para prosseguir, deve se inspirar no gesto de Jesus, que confirma sua determinação de levar a salvação à casa de Zaqueu, o escolhido.

O ministério do catequista exige muita determinação. O que se oferece na catequese se não o despertar para a escuta orante da Palavra de Deus e o amor que se revela em Jesus? O catequista, quando está determinado, certo de sua vocação, deixa que seu coração fale pela boca. Anuncia com alegria o Evangelho e testemunha sua fé como quem vive um constante aprendizado provocado pelo Querigma, dom que renovou sua própria vida. Essa transformação deve ser o que mantém sua determinação em seu agir catequético.

Somente um catequista comprometido e determinado poderá dar uma eficiente contribuição frente ao desafio da nova evangelização: levar o Evangelho a quem não o conhece e aos que foram batizados, mas não vivem autenticamente sua fé. Porém, assumirá a sua missão comprometido com sua fé. O catequista jamais irá exigir dos outros, de seus catequizandos, uma fé cega. Ele não se apoia apenas em suas palavras, a sua maior motivação vem de Jesus, modelo de catequista.

O catequista determinado em concretizar a sua missão está sempre atento e de olho nas qualidades que se pode conquistar para exercer da melhor maneira o ministério da catequese. Para tanto busca, constantemente, conquistar:

- Espiritualidade profunda, que leve a adesão a Jesus Cristo.
- Docilidade ao Espírito Santo.
- Conhecimento da Palavra, saber o que vai anunciar.
- Consciência crítica para saber ler a realidade.
- Espírito comunitário para integrar-se à sua comunidade.
- Capacidade de colaborar e animar para integrar as pessoas no agir catequético.
- Alegria para servir e despertar o gosto por ser cristão.

- Amor no que faz.

- Sensibilidade para promover a paz e o bem comum.

- Responsabilidade, criatividade e abertura ao diálogo.

Busca tudo isso ciente que cada ação demanda dele abertura de coração, foco e perseverança. A perseverança proposta por Jesus consiste em correr, caminhar, mantendo os olhos fixos nele. O autor da Carta aos Hebreus diz:

> Empenhemo-nos com perseverança no combate que nos é proposto, com os olhos fixos em Jesus, que em nós começa e completa a obra da fé (Hb 12,1-2).

Assim como foi recomendado na Carta aos Hebreus, uma palavra sobre o valor da perseverança também nos foi dirigida – uma palavra de entusiasmo para a missão:

> Não desprezes a educação do Senhor... firmai as mãos cansadas e os joelhos enfraquecidos; acertai os passos dos vossos pés... Procurai a paz com todos, e a santificação, sem a qual ninguém verá o Senhor (Hb 12,5.13.14).

O caminho escolhido nos escolhe. Somos aos poucos envolvidos pela força e alegria que brotam da escolha que fizemos. Ser discípulo missionário, com a responsabilidade de acolher e acompanhar os que vão iniciar sua caminhada de fé e adesão a Jesus Cristo, nos configura como mensageiros da esperança. Perseverar é saber esperar com paciência e humildade o que o Senhor vai realizando em nós, por nós e para nós.

Um aspecto importante da metodologia catequética é o despertar para a escolha. Os catequizandos, motivados e livres para o acolhimento da mensagem transmitida, vão se tornando capazes de entender as suas próprias escolhas. Vão se comprometendo com aquilo que escutam e vivenciam na catequese. O crescimento como ser humano e cristão vai se evidenciando ao longo de todo o processo de educação da fé.

Com a tarefa de levar a pessoa para mais perto de Jesus Cristo, e a partir dele, seguir pela vida fazendo o bem e promovendo a paz, o catequista ajuda o catequizando no seu posicionamento frente às verdades da fé, acolhidas e praticadas à luz do Evangelho. Cada um na sua capacidade, de acordo com sua idade e realidade.

Quais atitudes nossos catequizandos podem assumir quando bem acompanhados por uma catequese renovada e de iniciação à vida cristã?

Em resposta, podemos firmar que:

- Conhecer Jesus.
- Ser seu amigo.
- Escutar o que Ele diz.
- Seguir seus exemplos.
- Amar o próximo.
- Respeitar e defender a vida.
- Dialogar com o diferente.
- Reconhecer-se como filho(a) amado(a) de Deus.
- Promover a paz e fazer o bem.
- Tornar-se discípulo missionário de Jesus.

O entusiasmo do catequista para agir com determinação e perseverar em sua missão consiste em seguir os passos de Jesus e de seu envolvimento e familiaridade com suas palavras, deixando-se contagiar por elas e gravando-as em seu coração, para que a Palavra se torne mensagem. Isto se pode constatar na expressão dos discípulos de Emaús, quando afirmam: "Não estava ardendo o nosso coração quando ele nos falava pelo caminho e nos explicava as Escrituras?" (Lc 24,32). Certos de que aquelas palavras eram uma mensagem do Senhor para eles, tomaram a decisão de continuar caminhando. Fizeram uma escolha inspirados pela mensagem que acolheram: "naquela mesma hora, levantaram-se e voltaram para Jerusalém, onde encontraram reunidos os onze e os discípulos" (Lc 24,33). Assim é o agir do catequista determinado: enfrenta os desafios e faz a escolha de continuar caminhando.

LEMBRE-SE CATEQUISTA

CAMINHO ESCOLHIDO

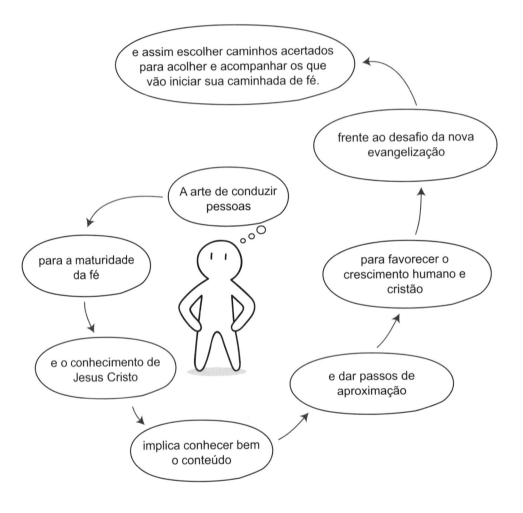

4

CAMINHO PLANEJADO

"É graça divina começar bem. Graça maior persistir na ca-
minhada certa. Mas graça das graças é não desistir nunca."

(Dom Helder Camara)

Todo caminho é feito de encontros e desencontros. De paradas, pausas, tempo para o descanso e para rever o itinerário, tempo para avaliar o quanto já se caminhou e quanto falta ainda para se chegar ao destino.

A catequese é caminho que leva à meta, ao objetivo da missão. Para isso, é importante planejar a ação. Planejamento é uma ação pensada, refletida, organizada e bem-encaminhada.

Planejar o itinerário catequético e o acompanhamento de crianças, adolescentes, jovens e adultos na comunidade é muito importante. Não se pode iniciar um processo sem saber quais serão os elementos importantes que não se pode deixar de incluir na catequese.

Uma catequese bem-planejada trilha caminhos de superação dos desafios e conquistas que justificam sua natureza e finalidade. Sempre mais se impõe uma catequese que saiba acolher e acompanhar com eficiência e eficácia a todos que buscam encontrar Jesus, pois são eles os novos interlocutores deste novo tempo na história.

4.1 Experiência de convivência

A catequese não pode deixar cair no vazio a oportunidade e a riqueza que é a experiência da convivência. Somos pessoas que caminhamos movidas pela esperança e pela fé. É importante optar por um método na catequese que favoreça o crescimento de todos, rumo à maturidade da fé. A catequese está a serviço da iniciação à vida cristã como um processo de educação na fé, sustentada pela generosa partilha e comunhão de pessoas. Na catequese acontece o encontro entre pessoas, por isso, o catequista, atento à realidade de sua comunidade, ajuda os envolvidos na ação catequética a despertar para a riqueza da diversidade de talentos individuais capazes de gerar solidariedade em vista do crescimento pessoal e comunitário de todos.

Hoje, vivemos numa sociedade fortemente marcada pela cultura do consumo, do descartável e da indiferença, também por valores antiéticos, tais como: relativismo, individualismo, ideologia do conflito, da guerra de opiniões, da competição e desrespeito à dignidade e à vida humana. Para o papa Francisco é tempo de investir na cultura do encontro e na busca pela liberdade e unidade entre as pessoas, pois para ele "A Igreja tem o direito e o dever de manter acesa a chama da liberdade e da unidade do homem" (PAPA FRANCISCO, 2016, p. 233).

É nessa busca que a catequese continua investindo, pois a liberdade e a comunhão estão na base de todo o processo de humanizar a educação da fé. Para isso, é urgente que na catequese a pessoa seja colocada no centro de toda ação catequética porque cada indivíduo que se coloca a caminho do encontro com Jesus, aos poucos, vai se enredando numa rede de relações configurando uma comunidade viva.

A metodologia catequética contribui para a educação das pessoas na experiência da fé quando auxilia o catequista, bem como sua comunidade, no esforço de acolher e acompanhar aqueles que vão ser iniciados à vida cristã. O empenho do catequista para a transmissão da fé depende de uma boa articulação entre ele e os outros sujeitos da iniciação à vida cristã, capazes de partilhar a alegria de seguir Jesus Cristo. São eles, "família, catequizandos, comunidade, bispos, presbíteros e diáconos, catequistas e demais agentes de Pastoral, religiosos e membros de movimentos apostólicos e novas comunidades" (cf. Doc. 107, n. 198-239).

E quando tem muita gente envolvida no trabalho o jeito é planejar. Mas há quem não dá importância ao planejamento, acreditando que o Espírito Santo inspira e que no final dá tudo certo. Será que é assim que devemos pensar a nossa prática catequética?

Certa vez, um grupo de amigos resolveu fazer uma viagem juntos. Um deles ficou com a responsabilidade de comprar as passagens, outro de reservar o hotel para a hospedagem e os outros dois para providenciar os roteiros para que pudessem aproveitar bem os dias de passeio... Quando faltava uma semana para a viagem, os amigos se encontraram e cada um prestou contas da responsabilidade assumida. O primeiro comprou as passagens, mas esqueceu que o dia previsto para a viagem era no mês de maio e ele comprou para junho. O segundo fez reserva no hotel para a data prevista, mas reservou somente um quarto para ele, esquecendo-se do combinado que era ver hospedagem para todos. Os outros dois reuniram todas as informações quanto às atrações do local. A decepção foi grande ao perceberem que nada parecia dar certo... Faltou atenção, comunicação, planejamento. Com isso todo o grupo ficou prejudicado, pois, para resolver o problema, precisavam de mais tempo, dinheiro e comprometimento (GIL, 2018).

Pois é! Quando se planeja junto, tudo e todos precisam estar em sintonia do começo ao fim. Na catequese isso também precisa ser observado, visto que

> Sempre mais se impõe uma educação permanente da fé que acompanhe o homem por toda a vida e se integre em seu crescimento global (CR, n. 129).

Nesta perspectiva para que a catequese seja um processo de educação da fé é preciso considerar o tempo necessário para a sua realização, ter bem claros os objetivos a serem atingidos e providenciar as condições favoráveis para um bom desenvolvimento do conteúdo e do crescimento de todos os catequizandos.

Cientes de que "A revelação de Deus é mais um processo, uma caminhada, do que um ato realizado imediatamente e de uma vez" (CR, n. 40), precisamos considerar na prática catequética a necessidade de organizar e planejar as atividades catequéticas.

Planejamento

Para refletir

A ação pastoral planejada é a resposta específica, consciente e intencional às exigências da evangelização. Deverá realizar-se num processo de participação em todos os níveis das comunidades e pessoas interessadas, educando-as numa metodologia de análise da realidade, para depois refletir sobre essa realidade do ponto de vista do Evangelho e optar pelos objetivos e meios mais aptos e fazer deles um uso mais racional na ação evangelizadora (PUEBLA, n. 1307).

Tudo começa a partir de um bom planejamento. Planejar é preciso!

Planejar já se tornou uma tarefa necessária na catequese. Percebemos em muitas comunidades o costume de elaborar um planejamento pastoral. É uma tarefa comum, mas não tão simples. Não podemos fazer de qualquer jeito, copiar outros planejamentos ou querer aproveitar planejamentos passados ou inadequados à nossa realidade.

É sempre bom recapitular...

* Para cada projeto é necessário elaborar um planejamento.
* Planejamento não é um simples cronograma.
* Relacionar as tarefas, os compromissos, as atividades não é planejamento.

O que é planejar?

Planejar é fazer uma experiência de reflexão antes de qualquer atividade. Assim, é preciso pensar a ação. E isso deverá acontecer antes, durante e depois de qualquer atividade. Planejar, portanto, é tomar as decisões mais acertadas sobre cada ação a ser realizada.

Por vezes improvisamos, não refletimos, partimos sem saber o que queremos ou aonde queremos chegar. Embora não exista uma ação que seja totalmente impensada, não podemos agir sem antes tomar decisões. Tudo o que fazemos na catequese depende de uma reflexão, pois não agimos sozinhos. O processo catequético envolve muita gente, muitas realidades, expectativas e necessidades.

> *Planejar* é saber ir atrás das decisões mais acertadas, aquelas que atendam às necessidades da realidade do grupo e da comunidade, que orientem a ação em vista de uma catequese mais comprometida, renovada e que envolva a todos.

Uma única pessoa não pode pensar tudo sozinha, ou seja, determinar todas as etapas de uma ação. É importante envolver todo o grupo na hora de planejar. Isso contribui para que o grupo não se torne muito passivo e comodista; que não se acostume a não questionar e não se disponibilizar para as atividades em conjunto, portanto, "Para frutificar, a catequese necessita de organização, planejamento e recursos" (DNC, n. 236).

Por que planejar? Para que planejar?

O planejar contribui para que todos se sintam iguais, se reconheçam no processo e tornem-se sujeitos da ação. Com isso, é possível crescer e colher os frutos, quais sejam:

* Uma catequese de responsabilidade.
* A experiência de igualdade.
* Um grupo mais maduro e comprometido.
* O crescimento de todos os envolvidos.

O planejamento na catequese revela a caminhada e a experiência de interação fé e vida, garantida pela relação entre prática-reflexão e ação. O caminho planejado é iluminado pela mística do discipulado, uma atitude de escuta da Palavra de Deus iluminando o olhar por sobre a realidade local. Planejar os passos que damos na catequese nos ajuda manter a unidade com o Mestre que nos propõe caminhar seguindo em frente, mas sensíveis ao que acontece na vida da comunidade, ao que ainda precisa ser mudado e conquistado.

O planejamento catequético tem a função metodológica de traçar um caminho para uma efetiva participação dos catequizandos na comunidade de fé. É importante se pensar na construção de um planejamento no qual a participação efetiva de todos os corresponsáveis na atividade catequética fará com que os catequizandos se comprometam como sujeitos ativos do processo de educação da fé. Esse modo de planejar promove a ação coletiva, potencializa a unidade, o espírito de pertença e o olhar crítico e amplo para o caminho proposto. Possibilita condições para uma maior integração e interação entre participantes do grupo de catequese e a comunidade.

O planejar na catequese é um compromisso com desenvolvimento de toda a atividade junto aos catequizandos, famílias e comunidade. É pensar em cada passo importante para a preparação, realização e avaliação de cada atividade catequética.

É fundamental saber dar especial atenção para o aprimoramento dos projetos na catequese. Saber olhar, saber medir, saber discernir o que foi bem realizado, o que faltou, o que é importante para os catequizandos. A avaliação deve ser uma tomada de consciência sobre a ação catequética como experiência de educação da fé.

Nesse processo convém, ainda, registrar a contribuição dada pelo catequista: o que ele pode ou deve melhorar, a sua maneira de agir, falar, fazer, acolher e acompanhar o grupo, seu modo de agir diante das reações dos catequizandos. Deve-se também considerar de maneira adulta e responsável as conquistas e os fracassos.

LEMBRE-SE CATEQUISTA

CAMINHO PLANEJADO

5

CAMINHO DO ENCONTRO

"Caminhante, não há caminho, o caminho se faz ao caminhar."

(Antonio Machado, poeta espanhol)

Encontrar alguém pode ser uma experiência muito boa, principalmente quando vamos ao encontro de quem amamos. Algumas pessoas que encontramos tem o dom de nos fazer bem, podem mudar a nossa vida ou até mesmo passar a fazer parte dela. Tem pessoas que nos fazem rir, ver a vida com mais brilho e encanto. Também tem as que nos fazem sofrer ou ficar tristes, mas mesmo assim o encontro não deixa de ser um aprendizado.

Quando encontramos alguém com alegria no coração, esse momento pode se eternizar em nossa vida. Assim é o encontro com Jesus! Os primeiros discípulos viveram essa experiência, seguiram seus passos e permaneceram com Ele porque o encontro foi encantador.

Na catequese podemos sentir a presença de Cristo que vem ao nosso encontro. Ele vem e acolhe a cada um com tanto amor que sua presença se torna palpável. Faz acreditar que existe algo bom para nós e para o mundo, se faz porta aberta para a felicidade plena e alegria completa.

5.1 Encontro de pessoas e delas com Cristo

O caminho do encontro é acolhedor, aproxima as pessoas entre si e com o Senhor. Jesus é o caminho, Ele mesmo disse: "Eu sou o Caminho, e ninguém chega ao Pai senão por mim" (Jo 14,6).

Vamos entender melhor essas palavras. Se para nós Jesus é o Caminho, então é para Ele e com Ele que caminhamos. Assim, o seguimento se realiza ao ouvir seus ensinamentos e colocá-los em prática. Para conhecer a Deus Pai temos que seguir o Caminho, devemos olhar para Ele, escutar suas palavras e acolher a Boa Nova do seu Evangelho. É por meio de Jesus que o Pai se dá a conhecer e nos fala, revela o que quer ser para nós. Jesus nos propõe seguir seus passos no caminho do encontro.

Jesus nos propõe seguir o caminho que nos leva ao Pai. O encontro com Ele que a catequese promove nos aproxima do amor generoso e libertador que nos vem de Deus Pai. A catequese, aos poucos, se configura como espaço de encontro com a pessoa de Jesus que nos revela Aquele que o enviou – *O meu ensinamento não vem de mim mesmo, mas daquele que me enviou*" (Jo 7,16). Também o catequista deveria se apropriar dessas palavras de Jesus: não ensinamos o que queremos ou o que imaginamos, mas o que nos foi revelado. A catequese com Jesus é modelo e inspiração para todo o nosso agir. Ele falou aos apóstolos e estes anunciaram ao mundo o que viram e ouviram. Para confirmar sua fidelidade à missão confiada pelo Pai, disse Jesus:

> Manifestei o teu nome aos homens que, do mundo, me deste. Eles eram teus e tu os deste a mim; e eles guardaram a tua palavra. Agora, eles sabem que tudo quanto me deste vem de ti, porque eu lhes dei as palavras que tu me deste, e eles as acolheram; e reconheceram verdadeiramente que eu saí de junto de ti e creram que tu me enviaste (Jo 17,6-8).

Eis um aspecto importante da catequese de Jesus: sua fidelidade ao Pai e aos ouvintes, seus interlocutores, sua comunidade. Uma inspiração para o nosso compromisso: levar as pessoas ao conhecimento de quem é Jesus e do que Ele nos ensina.

Traços importantes dessa catequese de Jesus que constitui o caminho de educar a fé:

- Revelou o nome do Pai – deu a conhecer quem é Deus.
- Acolheu como seus os que foram enviados pelo Pai.
- Motivou a todos para que guardassem as palavras dadas por Ele.
- Educou o seu grupo (discípulos) para uma vida de fé, pois eles o reconheceram como filho de Deus e creram nele.

A catequese de Jesus tinha como objetivo revelar o amor generoso do Pai. Ele deixava bem claro que sua atividade, gestos e palavras, eram total obediência à vontade divina. Sua vida estava fortemente vinculada à sua intimidade com o Pai.

> Todos os catequistas deveriam poder aplicar a si próprios a misteriosa palavra de Jesus: "A minha doutrina não é minha mas d'Aquele que me enviou"... Que frequente e assíduo contato com a Palavra de Deus transmitida pelo Magistério da Igreja, que familiaridade profunda com Cristo e com o Pai, que espírito de oração e que desprendimento de si mesmo deve ter um catequista, para poder dizer: "A minha doutrina não é minha!" (CT, n. 6).

E assim o catequista acompanha seus catequizandos levando-os para mais perto de Jesus e de sua palavra. As pessoas se encontram no Caminho como fizeram os discípulos, apóstolos, santos e santas, homens e mulheres que viveram a mesma fé que hoje professamos. Com Ele podemos "partilhar a missão de fazer acontecer o Reino no mundo hoje" (CNBB, Doc. 107, n. 39).

A formação progressiva oferecida na caminhada catequética precisa ser a mesma que prepara o discípulo e discípula de Jesus Cristo no caminho do discipulado, e gradativamente vai fortalecendo a todos no crescimento contínuo da fé que se torna experiência partilhada. Encontrá-lo é reconhecer o ponto de chegada em sua revelação.

A catequese favorece a busca pelo dom da fé. Sabemos que vivemos um tempo novo e para novos tempos, novas iniciativas, muita criatividade e ousadia. Não devemos deixar escapar as oportunidades para se acolher esse dom, dado por Deus.

> Esta busca é um verdadeiro "preâmbulo" da fé, porque move as pessoas pela estrada que conduz ao mistério de Deus. De fato, a própria razão do homem traz inscrita em si mesma a exigência "daquilo que vale e permanece sempre". Esta exigência constitui um convite permanente, inscrito indelevelmente no coração humano, para caminhar

ao encontro d'Aquele que não teríamos procurado se Ele mesmo não tivesse já vindo ao nosso encontro. É precisamente a este encontro que nos convida e abre plenamente a fé (PF, n. 10).

O convite a uma vida de fé é feito pelo próprio Deus. Muitos de nossos catequizandos precisam ser motivados para escutar e acolher esse convite. Alguns chegam para a catequese muito tímidos, para não dizer vazios na fé, ou como disse São Paulo Apóstolo, agindo "na ignorância de quem não tem fé" (Tm 1,13). Cabe à Igreja o acolhimento e a instrução. Esta geralmente ocorre pela participação na catequese. No entanto, a grande maioria de nossos catequizandos vem de famílias não evangelizadas.

A catequese com Jesus nos torna mais próximos dele, de seu jeito de ser, pensar e agir. Jesus formou discípulos para seguir seus passos, ou seja, imitadores do Mestre. Ele mesmo chegou a dizer: "todo discípulo bem formado será como o Mestre" (Lc 6,40). Ser como o Mestre significa pensar e agir com coerência e liberdade, viver e anunciar o que se crê, compartilhar a vida e os dons, fazer o bem e investir na comunhão, na vida comunitária e solidária, como também preparar-se para a missão que assume ao tornar-se catequista.

Quando o catequista bem formado se torna parecido com o Mestre?

- Na escuta da Palavra de Deus.
- No acolhimento dos conteúdos da fé professada, celebrada, vivida e rezada (cf. PF, n. 9).
- No anúncio explícito do Evangelho.
- No contínuo compromisso com a esperança.
- No testemunho da caridade.
- Na docilidade da voz do Espírito Santo.
- Na prática da oração.
- Na capacidade de aceitar a realidade de cada pessoa.
- Na prontidão de ir ao encontro das pessoas.
- Na disponibilidade para a missão.

Mas o catequista educado na Escola do Mestre forma novos discípulos e discípulas para Ele. No caminho do encontro se resgata a importância de ser amigo de Jesus. Mais que ouvintes, o catequista, como educador da fé, apresenta Jesus como o grande amigo para seus catequizandos e, aos poucos, cada um, no seu tempo de descoberta, vai se deixando contagiar pela alegria de pertencer a esse grupo de amigos.

Pensar na Metodologia Catequética para realizar esse processo é pensar nas ferramentas para que se estreite esse laço de amizade como quando organizamos um encontro entre amigos.

O que não pode faltar na catequese para que os catequizandos descubram que Jesus é um grande amigo:

1) Jesus precisa ser apresentado com entusiasmo. Somente um coração repleto de alegria e confiança em Jesus poderá traduzir o verdadeiro amigo que mora dentro dele.

2) Catequistas e catequizandos precisam deixar que Ele fale ao coração. Para isso, é necessário que se faça sempre uma revisão de vida. Um processo permanente de conversão para ajudar a deixar espaço para Ele em nossa vida.

3) Viver uma vida de fé autêntica centrada em Jesus Cristo.

4) Manter o sentimento de pertença à comunidade – motivar para a participação na vida e nos momentos celebrativos e festivos da comunidade.

5) Favorecer o reconhecimento da presença de Jesus na sociedade – despertar para o compromisso de construir um mundo mais justo e solidário, mais tolerante e pacífico.

6) Incentivar para o amor ao próximo – levar aos outros o amor contagiante de Jesus, sem preconceitos e discriminação.

7) Respeitar a fé de outros irmãos e irmãs – saber respeitar o contato com os não católicos.

8) Dar testemunho do que se aprende na catequese para que toda essa novidade seja compartilhada com as famílias e comunidade.

O encontro com Jesus é uma grande oportunidade para se sentir livre para viver e celebrar a alegria do amor. Estar com Ele é uma experiência inspiradora e motivadora para a simplicidade, pois Deus se torna simples querendo encontrar e relaciona-se com cada pessoa humana. Assim, o encontro entre as pessoas deveria se dar na mesma disposição... Quando pessoas se encontram, vidas se encontram.

A simplicidade e abertura para a vida, no encontro com Jesus e entre nós, torna o caminho do discipulado mais fecundo. O discípulo se torna mais que um ouvinte do Mestre, mas um aprendiz que diariamente busca viver como Ele.

LEMBRE-SE CATEQUISTA

CAMINHO DO ENCONTRO

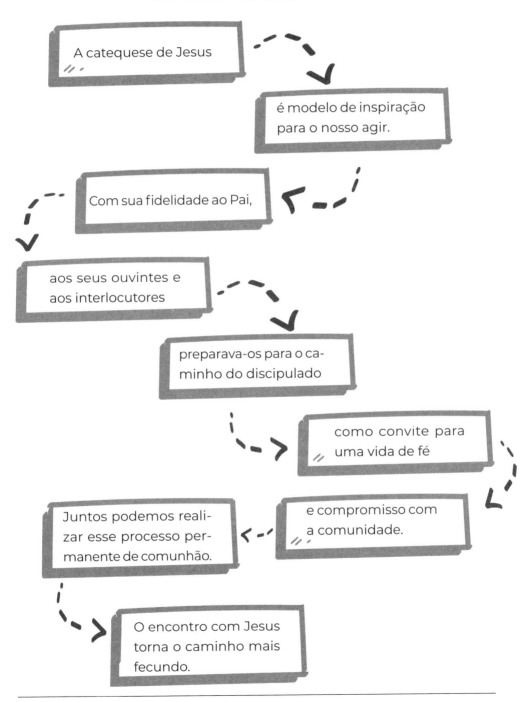

A catequese de Jesus é modelo de inspiração para o nosso agir.

Com sua fidelidade ao Pai, aos seus ouvintes e aos interlocutores preparava-os para o caminho do discipulado como convite para uma vida de fé e compromisso com a comunidade.

Juntos podemos realizar esse processo permanente de comunhão.

O encontro com Jesus torna o caminho mais fecundo.

6

CAMINHO DE APRENDIZADO

"Ninguém caminha sem aprender a caminhar, sem apren-
der a fazer o caminho caminhando, refazendo e retocando
o sonho pelo qual se pôs a caminhar."

(Paulo Freire)

Nossa experiência que conquistamos como catequistas nos ajuda a compreender a importância de aprender algo novo, razão de tantas mudanças em nossa vida. O aprendizado é um processo muito interessante. À medida que vamos aprendendo nos tornamos mais curiosos, criativos e motivados para ver o mundo com um novo olhar.

Tudo que somos e conquistamos está interlaçado no caminho de aprendizado como processo de crescimento, amadurecimento e transformação. Crescemos porque aprendemos no contato com conhecimentos e experiências que ampliam nossa percepção de mundo. O amadurecimento, por sua vez, vem com o tempo, quando aos poucos vamos progredindo no uso adequado do que aprendemos. A transformação requer atenção ao ritmo das mudanças e da complexidade da vida em meio aos desafios que estão presentes no cotidiano do nosso existir.

Toda ação catequética é um caminho de aprendizado. O encontro entre as pessoas, sujeitos de todo o processo e delas com Jesus é um grande e belo caminho para o conhecimento de si mesmo e da fé.

6.1 Educação da fé

O processo de educação da fé se torna um caminho porque é vivenciado por todos os envolvidos, partindo da realidade de vida que estabelece um diálogo aberto e permanente com a família, a comunidade e a sociedade.

É importante, antes de qualquer passo, conhecer sua própria realidade. Ela se configura com as esperanças, projetos e sonhos, mas também com os desafios e sinais de fortes mudanças históricas e culturais que exigem novos métodos e estratégias de evangelização.

Nesse caminho de aprendizado, o catequizando é chamado a se encontrar com Jesus. Mais do que um caminho para o encontro, a catequese se torna uma oportunidade para que a pessoa se encontre naquele que está a todo o momento chamando e tocando os corações com suas palavras: "Vinde e vede" (Jo 1,39). O convite de Jesus é um despertar para os passos necessários no itinerário, no qual o iniciado à fé se sente acolhido por Ele e se coloca a contagiar a outros, porque em sua trajetória serão muitas as descobertas, decisões e partilhas.

A vida de todo aquele que se sente chamado, iniciado e discípulo missionário de Jesus, é envolvida pelo mistério da fé que, pelo discernimento, entrelaçado à sabedoria divina, vai se fortalecendo com a vivência e os compromissos cristãos. O chamado para **vir** até Jesus e **ver** provoca a motivação interior para a adequação do conhecimento, atingido pela razão intelectual, com as verdades reveladas da fé que dão sentido ao que se busca.

O processo de educação da fé desperta, tanto no catequista como no catequizando, a vontade de crescer na fé, de buscar sua identidade e maturidade cristã por meio de uma formação integral. Sendo o caminho um itinerário pedagógico e mistagógico, catequistas e catequizandos, por uma ação dialógica, vão se educando na fé e caminhando para dentro do Mistério de Cristo e de sua Igreja. Cabe ressaltar que todo o esforço para trilhar esse itinerário, exige de todos aprenderem juntos a se apoiar na força transformadora do diálogo.

> o diálogo é o encontro entre os homens, mediatizados pelo mundo, para designá-lo. Se ao dizer suas palavras, ao chamar ao mundo, os homens os transformam, o diálogo impõe-se como o caminho pelo qual os homens encontram seu significado enquanto homens; o diálogo é, pois, uma necessidade existencial. E já que o diálogo é

> o encontro no qual a reflexão e a ação, inseparáveis daqueles que dialogam, orientam-se para o mundo que é preciso transformar e humanizar, este diálogo não pode reduzir-se a depositar ideias em outros. Não pode também converter-se num simples intercâmbio de ideias... (FREIRE, 1980, p. 82-83).

Para Paulo Freire o diálogo é o caminho da socialização; já para a metodologia catequética torna-se fundamental para o serviço da transmissão da fé. O diálogo, como ação comunicativa, favorece o coletivo em todo o crescimento na linha da colaboração e cooperação. Assim, catequistas e catequizandos se encontram e se orientam para uma vida cristã autêntica.

O catequista para anunciar o Evangelho precisa buscar ampliar a sua formação, pois, "é, de certo modo, o intérprete da Igreja junto aos catequizandos" (DCG, n. 35). Como intérprete, a sua formação não se limita ao domínio do conhecimento catequético, mas demanda a busca por uma formação integral, ampla, que o ajude a desenvolver-se em diferentes dimensões. No entanto, não pode perder de vista que:

> A alma de todo método está no carisma do catequista, na sua sólida espiritualidade, em seu transparente testemunho de vida, no seu amor aos catequizandos, na sua competência quanto ao conteúdo, ao método e à linguagem. O catequista é um mediador que facilita a comunicação entre os catequizandos e o mistério de Deus, das pessoas entre si e com a comunidade (DNC, n. 172).

Embora o catequista seja muito importante no processo de educação da fé de seus catequizandos, ele não está sozinho. Ele está inserido em uma comunidade da qual foi chamado e enviado à missão de evangelizar.

> É importante, por fim, que o catequista não atue sozinho, mas sempre em comunidade, em grupo. O catequista que participa da vida de grupo, reconhece ser, em nome da Igreja, testemunha ativa do Evangelho, participando da vida eclesial, encontrando na Eucaristia uma grande fonte de crescimento pessoal e de inspiração para a realização de suas aspirações (DNC, n. 176).

As Diretrizes da Ação Evangelizadora da Igreja no Brasil (2019-2023) nos fala que estamos inseridos numa comunidade eclesial que para ser autêntica deve, necessariamente, ser missionária, "e toda missão se alicerça na vida da comunidade e tende a gerar novas comunidades" (CNBB, Doc 109, n. 7). Assim, nos convida a refletir:

- Como estamos nos inserindo na dinâmica da vida de nossa comunidade?

- Como procuramos dar passos no caminho de comunhão com outros agentes de pastoral construindo uma comunidade eclesial missionária?

- Qual tem sido nossa contribuição para o crescimento das pastorais em sua dimensão catequética?

- Quais passos foram dados para a implantação da iniciação à vida cristã em vista da construção de uma comunidade sobre os pilares da Palavra, Pão, Caridade e Missão?

Já a formação integral dos catequizandos tem por finalidade levá-los ao acolhimento e comprometimento com o Evangelho que deverá ser

> transmitido em sua riqueza e sempre adequado aos diversos ouvintes. A criatividade e a arte dos catequistas estão a serviço desse critério fundamental. A pedagogia da fé precisa então atender às diversas necessidades e adaptar a mensagem e a linguagem cristãs às diferentes situações dos interlocutores (cf. DGC, n. 167-169) (DNC, n. 179).

Fiquemos de olho na importância da formação integral no processo de educação da fé. Os documentos apontam para essa questão:

FORMAÇÃO	CATEQUISTA	CATEQUIZANDO
CRITÉRIOS	Ter: · Uma fé profunda. · Uma clara identidade cristã e eclesial. · Uma profunda sensibilidade social. · A habilidade de ser, ao mesmo tempo, mestre, educador e testemunha. · Flexibilidade para ser capaz de superar "tendências unilaterais divergentes" e de oferecer uma catequese plena e completa. · Uma índole secular e própria do laicato e da sua espiritualidade. · Coerência entre a pedagogia global da formação catequética e a pedagogia própria de um processo catequético (DGC, n. 237).	· Conhecimento da fé. · Iniciação litúrgica. · Formação moral. · Vida de oração. · Vida comunitária. · Testemunho. · Missão (DNC, n. 53).

FORMAÇÃO	CATEQUISTA	CATEQUIZANDO
DIMENSÃO	• **O SER** – sua dimensão humana e cristã. • **O SABER** – para cumprir bem a sua tarefa. • **O SABER FAZER** – já que a catequese é um ato de comunicação. A formação tende a fazer do catequista um "educador do homem e da vida do homem" (DGC, n. 238; DNC, n. 261).	• Corpo. • Inteligência. • Emoção. • Vontade. • Sociabilidade. • Religiosidade. Uma catequese que ajude cada um a crescer na fé, à medida que vai crescendo em outras dimensões da sua maturidade humana e tendo novos questionamentos existenciais (DNC, n. 180).
ELEMENTOS METODOLÓGICOS	• Motivação: Identificar diferentes modos de realizar o encontro com Jesus Cristo. • Interiorização: Identificar os caminhos de conversão. • Expressão: Realizar a caminhada do discipulado na escuta orante da voz de Deus. • Memorização: Identificar o processo de como estabelecer a comunhão. • Sensibilização: Identificar os meios para realizar a missão.	• O encontro. • A conversão. • O discipulado. • A comunhão. • A missão.

A inspiração catecumenal deve iluminar todo o processo catequético. A formação integral e permanente se renova em seus métodos e requer uma renovação no perfil do catequista que, a exemplo de Jesus, se torna um pedagogo e mistagogo da fé.

LEMBRE-SE CATEQUISTA

CAMINHO DE APRENDIZADO

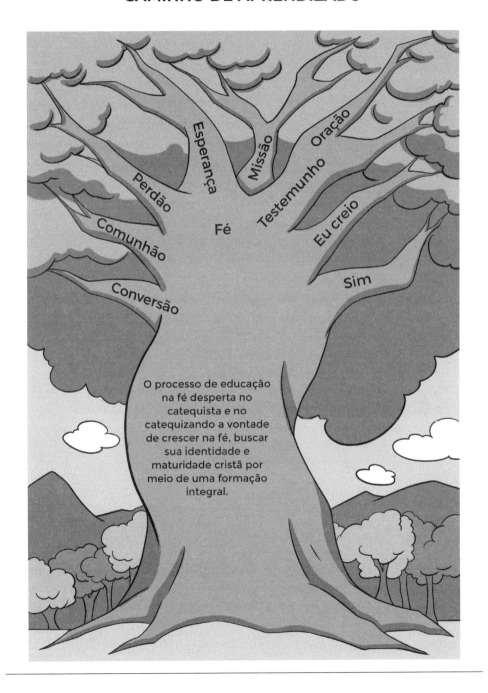

7

CAMINHO DE INTERAÇÃO

"Faço pausas para refletir, depois volto a caminhar.
Então vou mais longe, onde outra vista se revela.
Ando um pouco cá, outro pouco lá, no lugar onde
não importam as horas, e sim a direção".

(Aliyah Carmelo)

Na catequese, o fato de possibilitar oportunidades para que o catequizando faça sua experiência pessoal com Jesus, torna-se um compromisso também pessoal de cada catequista que se coloca a serviço da transmissão da fé.

A transmissão da fé é um processo de acolhimento das verdades reveladas por Deus e que são comunicadas na partilha, testemunho e aproximação entre catequistas e catequizandos. É todo um envolvimento com os mistérios de Deus que se dá na interação fé e vida. A comunidade eclesial, como lugar do encontro e tornando-se casa de iniciação à vida cristã, é fundamental para que pela interação fé e vida, todo o grupo de catequese dê passos para crescer na fé.

Todo o processo de interação acontece no caminho... Caminho de proximidade com a Palavra de Deus, de uma espiritualidade centrada em Jesus Cristo e de amor à Igreja.

A inserção na vida da comunidade eclesial é essencial para o crescimento na fé, pois ela favorece não só o encontro intergeracional entre as pessoas, mas a partilha da novidade de Deus para suas vidas.

7.1 Fé – vida – comunidade

O papa Francisco tem destacado em sua catequese a importância de ser uma Igreja em saída, uma Igreja missionária, comunidade de discípulos missionários que "vive um desejo inexaurível de oferecer misericórdia" (EG, n. 24). Com essas palavras, Francisco deixa uma forte provocação acerca do comportamento de todo cristão nos tempos atuais.

A expressão **em saída** traz novamente a marca de uma renovação para uma verdadeira evangelização. Sair significa mover-se, andar, tornar-se visível, sair de dentro para fora, sair do interior da casa, da comunidade, de si mesmo e ir ao encontro do outro. Podemos ainda entender a palavra sair como iniciar um novo tempo, um novo agir. A catequese está envolvida num projeto de renovação com inspiração catecumenal colocando-se a serviço da iniciação à vida cristã. Por uma nova metodologia catequética convida a todos a uma prática que garanta a interação fé e vida.

Com as palavras do apóstolo Lucas que diz: "Quanto a nós, não podemos deixar de falar sobre o que vimos e ouvimos" (At 4,20), a catequese assume sua missão e se empenha para que o princípio metodológico de interação fé e vida seja eficaz na ação evangelizadora.

Em alusão ao tema da interação Fé (Evangelho) e Vida, o documento Catequese Renovada (CR, n. 114) menciona que

> A evangelização não seria completa se não tomasse em consideração a interpelação recíproca que se fazem constantemente o Evangelho e a vida concreta, pessoal e social dos homens. E o papa mostra o resultado positivo dessa interpelação recíproca: É por isso que a Evangelização comporta uma mensagem explícita adaptada às diversas situações e continuamente atualizada, sobre os direitos e deveres de toda pessoa humana e sobre a vida familiar, sem a qual o desabrochamento pessoal quase não é possível; sobre a vida em comum na sociedade; sobre a vida internacional, a paz, a justiça e o desenvolvimento; uma mensagem sobremaneira vigorosa em nossos dias, ainda sobre a libertação (EN, n. 29; cf. tb. Medellín, Cat. 6).

O tema não é tão recente, como vemos; na verdade já podemos perceber que esse princípio metodológico estava presente na catequese desde o tempo de Jesus.

Sabemos, por experiência, que catequese é uma tentativa contínua de:

> Desvendar na Pessoa de Cristo todo o desígnio eterno de Deus que nela se realiza. E procurar compreender o significado dos gestos e das palavras de Cristo e dos sinais por Ele realizados, pois eles ocultam e revelam ao mesmo tempo o seu Mistério (CT, n. 5).

Entre o ser humano e Deus, assim como de onde estamos para onde queremos chegar com a nossa catequese, há uma distância considerável. Podemos até dizer que entre o homem e Deus a distância é incomensurável e, por isso, se não podemos chegar até Deus sozinhos, Ele toma a iniciativa de se revelar permitindo-nos ver o seu rosto e entender a sua palavra.

Deus, de muitos modos e por muitas mediações, comunica o seu desígnio. Ele se comunica de forma progressiva aos homens, mas é em Jesus Cristo que se dá a plenitude de sua Revelação.

> A catequese transmite os fatos e as palavras da revelação: deve proclamá-los e narrá-los e, ao mesmo tempo, explicar os profundos mistérios que estes encerram. Além disso, sendo a Revelação fonte de luz para a pessoa humana, a catequese não apenas recorda as maravilhas de Deus operadas no passado mas, à luz da mesma revelação, interpreta os sinais dos tempos e a vida presente dos homens e das mulheres, uma vez que, neles, realiza-se o desígnio de Deus para a salvação do mundo (DGC, n. 39).

7.2 Interação

Há tempos ouve-se falar em interação, sobretudo na catequese. Entretanto, muitos dão à interação um sentido equivocado reduzindo-a ao fazer o encontro de catequese em ambiente agradável, deixar os catequizandos à vontade, relacionar-se bem com o grupo.

Interação é muito mais que isso.

Interação, no processo de educação da fé, corresponde muito ao que se entende por interação social. Embora, na catequese, não aconteça somente um compartilhamento de informações, mas sim de uma formação integral do catequizando, tudo depende de ações recíprocas entre as pessoas envolvidas no processo, ou seja, nas atividades catequéticas, nas pastorais, na comunidade, na família e na sociedade. Podemos dizer que um aspecto muito importante da interação é a mudança de pensamento e de comportamento que ela provoca nas pessoas. O catequista não deve simplesmente responder aos questionamentos trazidos pelos catequizandos, sem antes escutar e acolher seus anseios, suas dúvidas, nem tampouco apenas ajudá-los em suas respostas incompletas, incorretas ou inadequadas. O catequista precisa saber ouvir para falar e fazer chegar, de forma simples, clara e objetiva, a mensagem principal ao coração de seus catequizandos.

Então nos perguntamos:

> *Como interagir?*
>
> *O que fazer na catequese para que a interação com os catequizandos seja motivadora, empolgante, comprometida?*
>
> *Como seguir, de fato, o princípio de interação "fé e vida" na catequese?*

Sem conhecer as motivações dos catequizandos, sem saber o que buscam ouvir e aprender não é possível interagir com eles. Não podemos falar de metodologia catequética sem entender o que significa interação. Por isso, seguimos nossa conversa com três perguntinhas:

> *O que é interação?*
>
> *O que é interação na catequese?*
>
> *Como devemos proceder?*

Em geral, interação é a possibilidade de construir e orientar a minha experiência a partir da minha vivência, de outra pessoa, grupo ou comunidade, reconhecendo que toda experiência humana é única e própria para cada pessoa. É o ato de conhecer, acolher ou partilhar as experiências através de mediações. Então, interação é como uma pessoa vive uma determinada experiência? Sim, e não só! Interação é a aproximação de duas ou mais experiências através de mediações que facilitem a comunicação como, por exemplo, a exposição dessas experiências.

Para entender melhor faça o seguinte exercício:

Exercício de imaginação

Imagine que duas pessoas amigas se encontram e cada uma delas revela em seu semblante um sentimento: uma está triste e a outra muito feliz. Olham-se, mas não dizem nada. Se elas não partilharem as experiências vividas, jamais poderão saber o que está acontecendo. Ninguém pode saber o que está se passando se não participar da experiência da outra pessoa. Nem tampouco conseguirá construir a sua própria experiência. Depois de um certo tempo juntas, elas se olham novamente e se encontram num abraço fraterno, acolhedor e sincero. O abraço é a chave para dar início ao diálogo que gera o encontro. Elas se abraçam e se abrem para ouvir e falar.

Podemos compreender diante disso que as realidades que, por si só, não podiam estar em comunicação, se aproximam. Ao se aproximarem, facilitam a interação através de uma mediação.

Isso acontece também na catequese!

As mediações que são utilizadas nos encontros de catequese ajudam o catequista a perceber as realidades e a estabelecer diálogo com os catequizandos através de sua capacidade de conhecer, respeitar, ouvir e acolher. Portanto, tudo pode ser utilizado como mediação desde que seja adequado às diferentes idades e objetivos dos encontros.

A pessoa, com seu corpo, suas palavras e suas atitudes, revela a primeira e mais importante de todas as mediações. Isto porque o corpo vive, sente, fala, escuta... O corpo, que dialoga por sua exteriorização, revela suas intenções e estabelece uma comunicação com as outras pessoas partindo de suas motivações mais interiores, seus objetivos. Assim, por viver em sociedade, tudo o que o ser humano pode fazer e dizer, ele o faz através de mediações culturais, produtos da atividade humana. Através das mediações uma pessoa revela o que pensa, o que sabe, o que faz e o que pode fazer. Confira o exemplo:

Diante de uma obra de arte

Certo dia, ao visitar a casa de um amigo, deparei-me com uma obra de arte, a reprodução de um ícone de Rublev (Andrei Rublev – pintor de ícones na Rússia no início do século XV). Era a imagem da Santíssima Trindade. Diante dela, e ao contemplá-la, percebi que ele, o autor, quis transmitir algo. Sua experiência projetada pela exteriorização de sua obra – uma mediação – me transmitiu uma mensagem. Eu me apropriei dessa mensagem. A minha experiência servirá para entender as etapas do processo de interação.

Assim, podemos afirmar que a mediação está para a interação como a natureza está para o artista. O artista olha para a natureza, dialoga com ela, sente e fala com ela, depois exterioriza tudo isso por sua arte.

Etapas do processo de interação

- **O contato com a mediação**

  O contato imediato, direto com um texto, o encontro com uma pessoa, a contemplação de um objeto ou de uma situação (um lugar, um acontecimento, uma realidade) pode nos ajudar como primeiro passo no processo de interação.

- **O contato ativo com a mediação**

  O que o texto, a pessoa, o objeto ou a situação quer revelar? É importante tentar descobrir a experiência que está "por trás" de cada elemento ou situação observada e estabelecer um contato ativo com a mediação, esforçar-se para decifrar a mensagem.

- **A apropriação de algo comunicado pela mediação**

  A terceira etapa é a tomada de consciência da mensagem comunicada. Verificar o que foi (ou não) apropriado com a mensagem para a construção da nossa experiência pessoal.

7.3 A interação como processo de desenvolvimento humano e cristão

O ser humano vive, desde o ventre materno, uma experiência única. É uma experiência própria para cada pessoa. Viver é uma experiência construída e orientada por uma rede de relações. A pessoa vive em contato com a experiência do outro. A presença de pessoas significativas na vida de uma criança colabora para a sua interação com a comunidade familiar, social e religiosa através da educação, convivência e testemunho.

Todo ser humano cresce e se torna uma pessoa adulta, madura e consciente de si e dos outros em meio às suas expectativas, realizações, sonhos e conquistas. Cresce também com suas frustrações, decepções e derrotas. Isolado em seu primeiro abrigo, o novo ser, ao nascer, é chamado a uma vida que se estabelece a partir de novas e permanentes relações sociais. Todo ser humano é chamado ao mundo com direito à vida, e sua vida vai se construindo passo a passo, dia a dia...

Lembremo-nos de que a pessoa humana é capaz de:

- Conhecer

    O ser humano é consciente de suas capacidades e limitações. É o único animal capaz de raciocinar, analisar e avaliar.

- Relacionar-se

    O ser humano é o único animal capaz de falar, sorrir e se emocionar. É um comunicador por excelência.

- Amar

    O ser humano é dotado da capacidade de doar-se, partilhar, ser solidário e fraterno. É o único animal capaz de reconhecer sua bondade.

Se a pessoa humana é capaz de tudo isso, então é fácil!

Não! Não é tão fácil como parece. Não nos esqueçamos de que a pessoa humana é um ser inacabado, sempre chamado a participar de sua própria criação. É relacionando-se com os outros e com o mundo que ele se torna capaz de construir a si mesmo e de ajudar a construir seus semelhantes. Será?

O cristão é um ser chamado a viver experiências humanas em comunicação vital através de uma experiência pessoal e comunitária da fé. É chamado a viver o projeto de felicidade e de salvação a ele apresentado por amor. Deus se revela ao revelar o seu projeto de vida e salvação para todos.

A revelação é projeto de Deus e é no Amor e para o Amor que Ele introduz o homem no seu mistério trinitário. Jesus Cristo é a mediação pela qual Deus nos transmite sua experiência, quem Ele é e o que quer. Assim, podemos afirmar que Ele revela verdades. Verdades de fé que são reveladas ao ser humano e que o conduzem ao conhecimento de Deus e dos mistérios da fé. E ainda revela o que quer ser para nós e o que Ele quer de nós. Por isso, o ser humano pode chegar ao entendimento do querer de Deus, sua vontade e seu plano. Mas Deus não transmitiu apenas verdades a seu respeito, transmitiu a si mesmo. Assim, o ser humano pode, auxiliado por Deus, chegar até Ele.

> Deus, infinitamente Perfeito e Bem-aventurado em si mesmo, em um desígnio de pura bondade, criou livremente o homem para fazê-lo participar da sua vida bem-aventurada. Por isso, sempre e em toda a parte, Ele está próximo do homem. Eis por que, desde sempre e em todo lugar, está perto do homem. Chama-o e ajuda-o a procurá-lo, a conhecê-lo e a amá-lo com todas as suas forças (CIgC, n. 1).

Evangelizar é transmitir ao mundo a Revelação por obras e palavras. É anúncio e testemunho. É serviço e diálogo com os homens e as mulheres de todos os tempos e lugares.

7.4 A interação presente no plano de revelação

Podemos dizer que o plano de revelação divina se deu no processo de interação, pois o ser humano é chamado a dar uma resposta de fé a partir de sua experiência de vida, de sua relação consigo mesmo, com o outro e com Deus.

- **Jesus Cristo**

A revelação em Jesus Cristo é a certeza de que tudo o que Deus fez foi para revelar o seu amor por todos nós.

> Toda a vida de Cristo é Revelação do Pai: suas palavras e seus atos, seus silêncios e seus sofrimentos, sua maneira de ser e de falar. Jesus pode dizer: "Quem me vê, vê o Pai" (Jo 14,9); e o Pai pode dizer: "Este é o meu filho, o Eleito, ouvi-o" (Lc 9,35). Tendo Nosso Senhor se feito homem para cumprir a vontade do Pai, os mínimos traços dos seus mistérios nos manifestam "o amor de Deus por nós" (1Jo 4,9) (CIgC, n. 516).

- **Na tradição apostólica**

A tradição que vem dos apóstolos transmite aos seus sucessores a Palavra de Deus confiada por Jesus e pelo Espírito Santo.

> A transmissão viva, realizada no Espírito Santo, é chamada de Tradição enquanto distinta da Sagrada Escritura, embora intimamente ligada a ela. Através da Tradição, "a Igreja, em sua doutrina, vida e culto, perpetua e transmite a todas as gerações tudo o que ela é, tudo o que crê" (DV, n. 8) (CIgC, n. 78).

- **No Magistério da Igreja**

O Magistério da Igreja transmitiu todo o projeto de Deus e de Jesus Cristo através de palavras que se tornaram mediações.

> O ofício de interpretar autenticamente a Palavra de Deus escrita ou transmitida foi confiado unicamente ao magistério vivo da Igreja, cuja autoridade se exerce em nome de Jesus Cristo. Tal Magistério evidentemente não está acima da Palavra de Deus, mas a seu serviço, não ensinando senão o que foi transmitido, no sentido de que, por mandato divino e coma assistência do Espírito Santo, piamente ausculta aquela palavra, santamente aguarda e fielmente a expõe (DV, n. 10).

7.5 A interação na catequese

Falar de Jesus e fazer o encontro com Ele é interação. Fazer experiência de seu amor por nós é deixar-se conduzir por suas palavras, seus ensinamentos, seguir seus passos. Na catequese, a interação se dá na aplicação prática e direta da experiência de Jesus Cristo. A catequese tem a missão de motivar os catequizandos a uma livre identificação com Jesus Cristo.

Essa interação se dá no diálogo de cada pessoa com Jesus Cristo. Através de mediações cada catequizando torna-se capaz de vivenciar sua fé. Diante de um acontecimento partilhado no encontro de catequese, o catequista aproxima os catequizandos de mediações (Bíblia, imagens, figuras, mensagens e orações). Por uma escolha livre e consciente, cada catequizando passa a viver sua própria experiência na fé.

Passos do processo de interação na catequese

- **Do acontecimento à experiência partilhada**

  Diante de um fato, o catequizando vive, vê, sente e partilha sua experiência. O acontecimento é destacado no encontro e aí nos perguntamos:

  - * O que de fato aconteceu?
  - * O que isso transmitiu a cada um dos catequizandos?
  - * Quais são as percepções, os sentimentos, os valores, desencadeados ou transmitidos a partir dos fatos?
  - * Qual é a mensagem?

- **Da experiência pessoal à experiência de Cristo ou da Igreja**

  Tendo como mediação a Palavra de Jesus e a Palavra da Igreja, nos perguntamos:

  - * O que Jesus diz a cada um de nós? O que Jesus fala ao grupo? O que fala à Igreja?

- **A escolha, livre e consciente, de viver a própria experiência na fé**

  - * Apropriar-se da mensagem revelada: compreende o momento de tomada de consciência, de fazer opção por Jesus e por seus ensinamentos, momento da escolha, de motivação para o seguimento.

O compromisso e o testemunho implicam: transmitir a experiência de fé; testemunhar a partir da experiência de fé comunicada por Jesus. Isto é, ser uma mediação viva de fé no testemunho.

Façamos uma parada para ver como se deu a interação fé e vida no encontro de Jesus com os discípulos de Emaús (Lc 24,13-35).

- Na tarde do domingo da ressurreição, voltando para Emaús, aldeia próxima de Jerusalém, os discípulos caminham desanimados, cabisbaixos, inseguros e frustrados.

- Parecem ignorar o fato histórico da ressurreição de Cristo, julgando-se, porém, bem informados sobre o que lá acontecera.
- Observando e respeitando a experiência humana dos discípulos, Jesus, pedagogicamente, põe-se a caminhar com eles, participa de suas angústias e tristezas e os faz despertar para a retomada do caminho.

Ao aproximar-se dos discípulos de Emaús, certamente Jesus se questionou:
- Como fazer para que os discípulos despertem para a missão?
- Como fazer para que eles acolham a missão como seguimento?
- O que fazer para que eles encontrem força e esperança junto à comunidade, de forma livre e comprometida?

Jesus, então, ao caminhar, provoca neles alguns questionamentos:
- Quais são as suas preocupações e angústias?
- O que esperam encontrar?
- Aonde esperam chegar?

Veja só o que acontece nesse processo!
- À luz da Palavra, Ele reconstrói a história, resgata a memória e fala ao coração dos discípulos.
- Jesus revela-se e propõe uma verdadeira e profunda experiência na fé.
- Os discípulos partem e, encorajados, vivem e celebram a experiência. Vão e anunciam a fé no Ressuscitado.
- A experiência humana e pessoal é transformada em experiência de fé comunicada e alimentada por Jesus.

7.6 A interação que nasce da mística da experiência dos discípulos de Emaús

Desvelar a realidade

Jesus aproxima-se para ouvir e acolher

Os discípulos encontravam-se desolados, inseguros, desanimados e caminhavam de volta para Emaús. "O que é que vocês andam conversando pelo caminho?" (Lc 24,17). A iniciativa de Jesus é a de *acolher* para *conhecer*. Conhecer os discípulos a partir dos questionamentos, da angústia presente no coração deles.

Proposta: *Acolhida e presença solidária.*

Jesus queria propor aos discípulos que retornassem para Jerusalém e recompusessem o sentido da missão.

Atitude: *Jesus procura compreender o que se passa com os discípulos.*

Ao invés de interromper a trajetória, Jesus caminha com eles, assumindo, Ele próprio, o caminho dos discípulos. Como catequistas educadores da fé, somos chamados a caminhar com os catequizandos para apresentar-lhes a proposta de seguir Jesus.

Reconstruir a memória

Jesus comunica a palavra e resgata a memória

Relembrar as Escrituras não foi suficiente para os discípulos perceberem a presença de Jesus, o Messias – vivo e ressuscitado.

Proposta: *Anunciar a Palavra que é memória em ação.*

Jesus *ilumina a realidade* dos discípulos e eles compreendem o sentido da vida e do seguimento. Jesus abre-lhes os olhos.

Atitude: *Jesus facilita a interação utilizando a Palavra como mediação.*

Todo conteúdo catequético tem por finalidade abrir os olhos dos catequizandos para uma nova realidade.

Refletir e celebrar

Jesus toca o coração dos discípulos

Jesus entra na intimidade dos discípulos, entra na casa e vai à mesa, toma o pão, pede a bênção e distribui. Nesse momento, os discípulos reconhecem Jesus. *Jesus percebe que a interpretação dos discípulos era equivocada.*

Proposta: *Celebrar "com" eles e não "para" eles.*

Os discípulos reconhecem Jesus de forma diferente, nova, através de uma experiência. Com o coração..."Não ardia o nosso coração quando Ele nos falava..." (Lc 24,32).

Atitude: *Não "repetir palavras", mas "transmitir a Palavra".*

A catequese é o lugar do encontro de Jesus com a sua comunidade, dos que já são e daqueles que serão seus discípulos.

Caminhar em missão

Jesus anima os discípulos para partir em missão.

"Na mesma hora, eles se levantaram e voltaram para Jerusalém onde encontraram os onze reunidos com os outros" (Lc 24,33).

Proposta: *Enviar para a missão.*

Jesus deixa os discípulos quando percebe que eles redescobrem o valor da missão. A partir de então, a iniciativa não depende mais de Jesus, mas dos discípulos. É hora de caminhar e comunicar aos outros a descoberta, a experiência, o novo na vida deles. Eles próprios, livremente, tomam a decisão de voltar para Jerusalém e retomar o anúncio para a comunidade. O ato de partir o pão fez com que os discípulos reconhecessem Jesus, mas todo o encontro foi um procedimento catequético, desde o momento em que se aproximou, perguntou, revelou, entrou na casa e partiu o pão, até deixá-los.

Atitude: *Jesus possibilitou a experiência na fé.*

O encontro humano de homens que caminhavam transformou-se em encontro de fé. O encontro catequético não pode se reduzir a uma reunião de pessoas, mas deve ser um verdadeiro encontro de vida e fé.

Vamos rever o texto seguindo os passos de interação?

1. Do acontecimento à experiência: Lc 24,13-24
2. O contato com a mediação: Lc 24,25-27
   - anunciar a Palavra – fé proclamada
   - decodificação da mensagem
   - apropriação da mensagem
3. A experiência de fé: Lc 24,28-32
4. O testemunho – mediação viva: Lc 24,33-35

O caminho de interação acontece na prática do encontro com passos de aproximação, inclusão, partilha e comunhão para uma mediação viva de fé no testemunho de vida cristã. O caminho do discípulo missionário é de interação e inspira para um novo agir no compromisso de transmitir a fé.

LEMBRE-SE CATEQUISTA

CAMINHO DE INTERAÇÃO

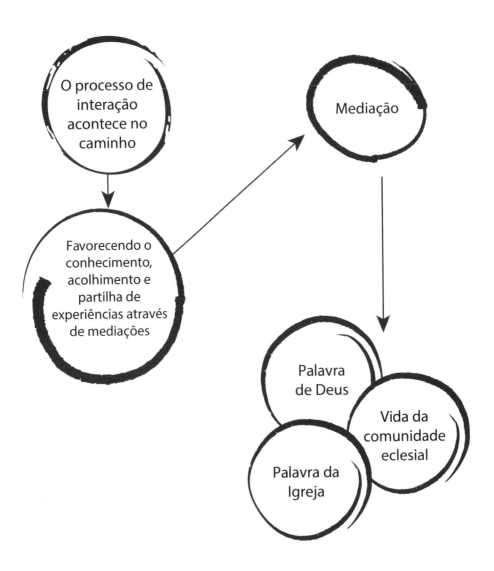

8
CAMINHO DE INSPIRAÇÃO

"Quem quer crescer não corre, vai caminhando,
examinando o caminho."

(Andrew Amaurick)

Sabemos que não podemos viver a vida dos outros, não podemos repetir o passado, nem tão pouco inventar uma forma de seguir um modelo de catequese que não se adapte à nossa realidade. Podemos trazer para o ministério da catequese, um novo agir que responda aos apelos da evangelização hoje.

Podemos também dar à catequese um novo brilho num caminho de inspiração. Inspirar-se não é copiar, mas tornar a nossa tarefa um tanto quanto fiel a uma prática ou modelo que registrou sua eficácia na missão.

Quando se fala em inspiração logo nos vem a ideia de criação, motivação, renovação e até mesmo de aprimoramento, atualização ou modernização. Sim, inspirar-se requer abertura ao novo, à novas ideias, novas possibilidades, técnicas e recursos.

Ao refletirmos sobre catequese a serviço da iniciação à vida cristã não podemos deixar de recorrer à inspiração catecumenal. Vamos tratar a seguir da catequese com tal inspiração e perceber os caminhos que se abrem para o processo de aproximação e adesão ao projeto de Jesus.

8.1 Catequese com inspiração catecumenal

A catequese com inspiração catecumenal se torna para todos os envolvidos no processo catequético um caminho espiritual. Retoma a espiritualidade primitiva da Igreja e resgata a centralidade de Jesus Cristo e da Palavra de Deus.

> É salutar recordar-se dos primeiros cristãos e de tantos irmãos ao longo da história que se mantiveram transbordantes de alegria, cheios de coragem, incansáveis no anúncio..." (EG, n. 263).

O projeto de formar a comunidade e iniciar os catequizandos no mistério de Cristo e da Igreja exige do catequista uma atenção especial para o seu ministério que vai se apoiando em uma metodologia interativa, pois a catequese está a serviço da iniciação à vida cristã. Trata-se de um novo tempo, novos horizontes que despontam para a transmissão da fé.

> Sempre que procuramos voltar à fonte e recuperar o frescor original do Evangelho, despontam novas estradas, métodos criativos, outras formas de expressão, sinais mais eloquentes, palavras cheias de renovado significado para o mundo atual. Na realidade, toda a ação evangelizadora autêntica é sempre "nova" (EG, n. 11).

Todo um novo cenário se revela com a inspiração catecumenal. A catequese apresenta de diferentes modos o caminho para que os catequizandos deem passos de aproximação com o Senhor passando de uma transmissão doutrinária da fé para uma experiência mais celebrativa e vivencial da fé. Para isso, há de se ressaltar mudanças significativas do papel e protagonismo dos catequistas em seu ministério.

> É necessário assumir a dinâmica catequética da iniciação cristã. Uma comunidade que assume a iniciação cristã renova sua vida comunitária e desperta seu caráter missionário. Isto requer novas atitudes pastorais por parte dos bispos, presbíteros, diáconos, pessoas consagradas e agentes de pastoral (DAp, n. 291).

A CNBB em seus documentos, sobretudo no texto sobre a iniciação à vida cristã, fala de uma urgente e relevante atenção ao processo catequético com adultos.

> Os interlocutores prioritários do primeiro anúncio são adultos que não passaram pelo processo de Iniciação à Vida Cristã; aí estão incluídos os que, embora batizados, se afastaram da Igreja ou que se apresentam com formação insuficiente (CNBB, Doc. 107, n. 163).

Isso porque o adulto busca, por decisão pessoal, encontrar o sentido da vida e de sua interação com o mundo. A catequese com inspiração catecumenal resgata a importante caminhada de aproximação, descoberta, encantamento e conversão no caminho do discipulado. Para isso, a comunidade tem um papel de fundamental importância uma vez que "a iniciação de adultos à vida cristã requer o envolvimento e a responsabilidade de toda a comunidade de fé" (CNBB, Doc. 107, n. 205).

Todo o esforço da comunidade, juntamente com a catequese, vai formando comunidade de discípulos missionários dispostos a percorrer o caminho de discernimento espiritual e comprometimento com a Palavra de Deus e o testemunho de uma vida cristã autêntica.

Sem esse acolhimento e acompanhamento como Igreja evangelizadora, "Mãe e Mestra de todos os povos" (MM,1) corremos o risco de não os educar na fé e até de os perdermos

> Se não encontram na Igreja uma espiritualidade que os cure, liberte, encha de vida e de paz, ao mesmo tempo que os chame à comunhão solidária e à fecundidade missionária, acabarão enganados por propostas que não humanizam nem dão glória a Deus (EG, n. 89).

8.2 Centralidade da Palavra

Os primeiros cristãos permaneciam unidos e fiéis a Jesus Cristo, ouviam juntos a Palavra e eram iluminados por ela no caminho da experiência da vida e da fé. Desde sempre a Igreja ressaltou a importância da Palavra de Deus que ilumina, educa e alimenta a comunidade cristã. Fortalece a experiência de vida em comunhão com o Senhor e ajuda na compreensão da caminhada de fé como um processo contínuo de autêntica vivência cristã.

> Iniciação à vida cristã e Palavra de Deus estão intimamente ligadas. Uma não pode acontecer sem a outra. "Ignorar as Escrituras é ignorar o próprio Cristo". Este é um tempo muito rico para que cada pessoa seja iniciada na contemplação da vida, à luz da Palavra e no empenho para que ela seja efetivamente colocada em prática (Tg 1,22-25) (CNBB, Doc 102, n. 47).

Levar os catequizandos para uma profunda experiência de escuta da voz de Deus exige do catequista familiaridade com a Palavra. O catequista, integrado à sua comunidade, empresta sua voz para o anúncio da Boa Nova do Evangelho. Seu empenho e perseverança no processo catequético com inspiração catecumenal garante a integridade de um itinerário que leva à vivência da fé, bem como, ao testemunho de compromisso eclesial.

Catequista e comunidade, como Igreja, transmitem a profunda experiência que têm do Evangelho com o desejo de apresentar aos outros a alegria de ter encontrado o Senhor.

> A catequese autêntica é sempre iniciação ordenada e sistemática à revelação que Deus fez de Si mesmo ao homem, em Jesus Cristo. Esta revelação está conservada na memória profunda da Igreja e nas Sagradas Escrituras, e é constantemente comunicada, por uma *traditio* (tradição) viva e ativa, de uma geração a outra (CT, n. 22).

Essa atitude evangelizadora da Igreja deve ser assumida com criatividade e coragem, pois o itinerário catequético com inspiração catecumenal deve estar muito bem fundamentado na Sagrada Escritura e na Liturgia. Assim será capaz de educar para a escuta orante da Palavra, para a vida de oração e compromisso comunitário e também, social (cf. CNBB, Doc. 107, n. 66).

Os catequizandos escutam a voz de Deus quando se dedicam à leitura da Palavra. Ler a Palavra é uma atitude de fé, pessoal e comunitária, em Deus que dialoga com o seu povo.

A leitura e escuta orante da voz de Deus deve acompanhar o catequizando em todo o processo de iniciação. O caminho da fé é um diálogo com a salvação que acontece com a abertura para uma vida nova e participação na natureza divina que constitui "o núcleo e coração da Iniciação à Vida Cristã" (CNBB, Doc. 107, n. 96).

O caminho da fé vai do acolhimento e aprofundamento dos fundamentos da vida cristã à uma vida incorporada a Cristo.

Para isso se realiza um processo de inspiração catecumenal no qual estão interconectados os tempos numa dinâmica gradual e interativa que mobiliza experiência e o amadurecimento da fé.

QUERIGMA	CATECUMENATO	ILUMINAÇÃO PURIFICAÇÃO	MISTAGOGIA
O anúncio de Jesus Cristo	O aprofundamento do Evangelho	A preparação para os sacramentos	A contemplação da graça sacramental
A voz da Igreja	A voz do catequista	A voz do sacramento	A voz de Cristo
A Igreja dá voz ao catequista em seu ministério. No processo permanente de educação da fé o catequista acolhe, educa e acompanha em nome da Igreja.	O catequista dá voz ao catequizando, novo discípulo missionário de Jesus Cristo. ↓ **Catequizando**	Catequista, catequizando e comunidade mergulham no mistério de Cristo para acolher, viver, celebrar e testemunhar a fé cristã.	Jesus dá voz à Igreja para que ela anuncie com alegria o Evangelho. Também dá voz ao catequista que sai do meio da comunidade para falar em nome da Igreja.

Observando o quadro, podemos compreender:

Jesus dá voz à Igreja que anuncia com alegria o Evangelho

> A intimidade da Igreja com Jesus é uma intimidade itinerante, e a comunhão "reveste essencialmente a forma de comunhão missionária". Fiel ao modelo do Mestre, é vital que hoje a Igreja saia para anunciar o Evangelho a todos, em todos os lugares, em todas as ocasiões, sem demora, sem repugnâncias e sem medo. A alegria do Evangelho é para todo o povo, não se pode excluir ninguém... (EG, n. 23).

Também dá voz ao catequista que, em nome da Igreja, caminha a partir de Cristo.

> Este dinamismo do amor é como o movimento do coração: "sístole e diástole"; concentra-se para encontrar o Senhor e abre-se imediatamente, saindo de si mesmo por amor, para dar testemunho de Jesus e falar de Jesus, para anunciar Jesus (PAPA FRANCISCO, 2017).

Por sua vez a Igreja dá voz ao Catequista que está a serviço da comunidade no ministério da catequese; educação da fé.

> Conjunto de esforços empreendidos na Igreja para fazer discípulos, para ajudar os homens a acreditar que Jesus é o Filho de Deus, a fim de, pela fé, terem a vida em seu nome, e para os educar e instruir nessa vida, construindo assim o Corpo de Cristo (CIgC, n. 4).

Também a Igreja comunica os dons do Espírito pelos Sacramentos.

> A Igreja, "sacramento universal de salvação", movida pelo Espírito Santo, transmite a Revelação por meio da evangelização: anuncia a Boa Nova do desígnio salvífico do Pai e, nos sacramentos, comunica os dons divinos (DGC, n. 45).

E assim, a comunidade, representada pelo catequista, dá voz ao catequizando pois lhe transmite a Palavra que vai gerar em seu coração o desejo de viver uma vida de comunhão com Jesus e os irmãos.

> Na escola de Jesus Mestre, o catequista une estreitamente a sua ação de pessoa responsável com a ação misteriosa da graça de Deus. A catequese é, por isso, exercício de uma "pedagogia original da fé". A transmissão do Evangelho através da Igreja é, antes de mais nada e sempre, obra do Espírito Santo, e tem na revelação, o testemunho e a norma fundamental (DGC, n. 138).

O Documento de Aparecida aborda a urgência de um processo de iniciação à vida cristã que leve a pessoa ao encontro com Jesus Cristo e o acompanhe até o amadurecimento de sua fé.

> Sentimos a urgência de desenvolver em nossas comunidades um processo de iniciação na vida cristã que comece pelo querigma e que, guiado pela Palavra de Deus, conduza a um encontro pessoal, cada vez maior, com Jesus Cristo, perfeito Deus e perfeito homem, experimentado como plenitude da humanidade e que leve à conversão, ao seguimento em uma comunidade eclesial e a um amadurecimento de fé na prática dos sacramentos, do serviço e da missão (DAp, n. 289).

A comunidade é o lugar da iniciação à vida cristã! Nela se pode investir numa catequese como itinerário da fé com inspiração catecumenal e na capacitação dos catequistas e outros agentes de pastoral para que, comprometidos com a missão da Igreja possam gerar novos discípulos missionários.

> Ser discípulo é um dom destinado a crescer. A iniciação cristã dá a possibilidade de uma aprendizagem gradual no conhecimento, no amor e no seguimento de Cristo. Dessa forma, ela forja a identidade cristã com as convicções fundamentais e acompanha a busca do sentido da vida (DAp, n. 291).

É importante não medir esforços para que a comunidade se torne a cada dia mais acolhedora, fraterna, orante e iniciadora. A catequese com inspiração catecumenal contribui para que a comunidade resgate a sua natureza, revitalize sua identidade eclesial e missionária.

> Como os primeiros cristãos, que se reuniam em comunidade, o discípulo participa na vida da Igreja e no encontro com os irmãos, vivendo o amor de Cristo na vida fraterna solidária (DAp, n. 278d).

Podemos destacar algumas conquistas possíveis resultantes desse processo:

O fortalecimento das equipes pastorais que passam a trabalhar com mais entusiasmo e disponibilidade para os serviços na comunidade.

O interesse pela formação permanente gerando novos grupos de evangelização.

Maior coerência entre fé e vida com a leitura orante da Palavra e nas celebrações litúrgicas, quando se pode celebrar os acontecimentos da vida à luz do mistério pascal de Cristo.

O crescimento espiritual e a convicção de uma vida de fé, seguimento e testemunho.

O fortalecimento de vínculos com a comunidade de fé e identidade cristã;

Maior sensibilidade sociocomunitária ao desenvolver as atividades missionárias para a transmissão da fé cristã.

A inspiração catecumenal na catequese traz de volta o essencial de nossa fé, a identidade de cristãos que seguem o Mestre em vista da comunhão e missão.

LEMBRE-SE CATEQUISTA

CAMINHO DE INSPIRAÇÃO

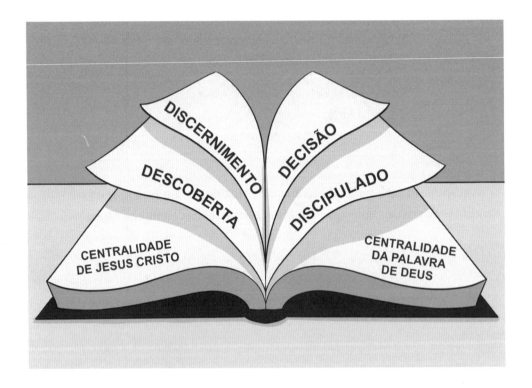

9
CAMINHO DE COMUNICAÇÃO

"O que me faz esperançoso não é a certeza do achado, mas
mover-me na busca..."
(Paulo Freire)

Está tão presente em nosso tempo a força da comunicação visual, da comunicação digital, da comunicação social, e até mesmo empresarial ou institucional que não podemos desconsiderar seus efeitos nos processos de aprendizado e crescimento humano e cristão. Fala-se em comunicação assertiva, capaz de reduzir o impacto dos conflitos e frustrações, bem como a habilidade de se relacionar com pessoas e grupos a fim de conquistar um relacionamento saudável e assim contar com a colaboração de todos. E quando esta funciona, cria a possibilidade de um canal aberto para o diálogo.

A nossa fé foi transmita por irmãos e irmãs que aprenderam a dialogar com Deus, souberam ouvir sua voz, interpretar sua vontade e comunicar sua esperança no tempo e na história.

O caminho de comunicação na catequese se orienta pelos princípios da comunicação divina. A Revelação de Deus e sua pedagogia divina são determinantes no ministério da catequese, pois Deus escolheu se revelar através de palavras e acontecimentos, respeitando o tempo e a capacidade de entendimento de seus filhos e filhas. Ao se revelar quis se aproximar para manifestar seu amor. Em Jesus, o Pai se revela na plenitude de seu amor. Como diz João: "Foi assim que o amor de Deus se manifestou entre nós: Deus enviou o seu filho único ao mundo, para que tenhamos vida por meio dele" (1Jo 4,9).

9.1 Comunicação e Pedagogia Divina

Não podemos falar de comunicação como um elemento metodológico fundamental na catequese sem considerar os aspectos da pedagogia divina. A Pedagogia de Deus se revela gradualmente por ações e palavras e culmina na Pessoa e na Missão de Jesus Cristo.

> A catequese, enquanto comunicação da divina revelação, inspira-se radicalmente na pedagogia de Deus como se desvela em Cristo e na Igreja, acolhe os seus parâmetros constitutivos e, sob a guia do Espírito Santo, faz uma sábia síntese da mesma, favorecendo assim, uma verdadeira experiência de fé, um encontro filial com Deus (DGC, n. 143).

Deus na Sagrada Escritura

> É visto como pai misericordioso, um mestre, um sábio que assume a pessoa, indivíduo e comunidade, na condição em que se encontra, livra-a dos laços com o mal, a atrai a si com vínculos de amor, faz com que ela cresça progressiva e pacientemente até a maturidade de filho livre, fiel e obediente à sua palavra... Deus transforma os acontecimentos da vida do seu povo em lições de sabedoria, adaptando-se às diversas idades e situações de vida (DGC, n. 139).

Deus se comunica com a humanidade desde Abraão. Nunca fechado em si mesmo, não silenciou nem deixou que sua voz se calasse pelo tempo em toda a história. Sua natureza divina se expressa no que lhe é próprio: falar, comunicar-se, apresentar-se, aproximar-se, relacionar-se... Cuidadosamente, Deus utiliza-se da palavra e imagens para se comunicar.

Assim, podemos recordar uma linda catequese em Ex 3–4. Como na catequese, os catequizandos ficam ligados ao que está sendo apresentado pelo catequista, Moisés permaneceu atento, quase imóvel, diante da revelação divina, pois tamanha era a surpresa de Deus para ele.

Moisés teve sua vida transformada naquele momento em que o Senhor veio ao seu encontro. Deus se fez pequeno, diminuiu de estatura para falar com Moisés, mas sem diminuir sua grandeza. Aproximou-se dele, deu-se a conhecer... Assim começa o processo de iniciação a uma vida de fé e fidelidade a Deus, com palavras dirigidas à Moisés, como quem tem a preocupação de converter a linguagem para que o outro a compreenda. E na sua capacidade humana, curioso, Moisés para diante da sarça ardente e escuta a voz de Deus (cf. Ex 3,4). Deus quer ser compreendido, chama Moisés pelo nome, revela-se próximo.

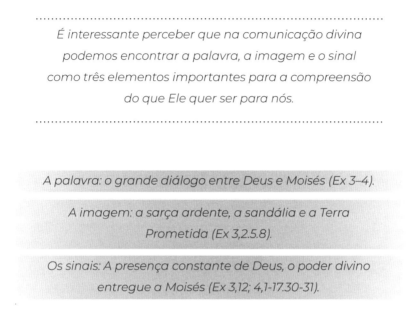

É interessante perceber que na comunicação divina podemos encontrar a palavra, a imagem e o sinal como três elementos importantes para a compreensão do que Ele quer ser para nós.

A palavra: o grande diálogo entre Deus e Moisés (Ex 3–4).

A imagem: a sarça ardente, a sandália e a Terra Prometida (Ex 3,2.5.8).

Os sinais: A presença constante de Deus, o poder divino entregue a Moisés (Ex 3,12; 4,1-17.30-31).

A comunicação entre Deus e Moisés, com efeito de um espetáculo, foi um acontecimento na vida de um homem resistente e espantado. A montanha, o fogo, a voz, os sinais, tudo serviu para que Moisés pudesse reconhecer a santidade daquele lugar, ouvir o seu nome e conhecer o Deus dos Patriarcas.

> Deus "confia palavras de instrução e catequese que são transmitidas de geração em geração, adverte com a recordação do prêmio e do castigo, torna formativas as próprias provas e sofrimentos. Verdadeiramente, fazer encontrar uma pessoa com Deus, que é tarefa do catequista, significa colocar no centro e fazer própria, a relação que Deus tem com a pessoa e deixar-se guiar por Ele (DGC, n. 139).

Traços da Pedagogia de Deus

Deus revela o seu nome, sua vontade e seu reino, respeitando a liberdade do homem e possibilitando através de momentos na história:

UM TEMPO DE PREPARAÇÃO – Deus revela o seu nome e dialoga com o seu povo

- Gn 9,1-2.9-11; Gn 12,1-3; 15,1; 17,1-8
- Ex 3,1-6; 7-12; 13-15
- 1Sm 3,1-21
- Jr 1,4-10

UM TEMPO DE INSTRUÇÃO – Deus dá instruções ao seu povo e apresenta o seu plano

- Dt 8,5
- Sl 46
- Sl 107
- Is 6,1-10; 9,1-6; 26,1-12; 40,1-5
- Is 61,1-3
- Jr 3,14-15; 9,22-23; 11,1-8; 12,1-17; 31,31-34
- Ez 34,1-10

UM TEMPO DE REALIZAÇÃO – Deus prepara o seu povo para a realização de sua promessa e revela o seu reino, seu projeto de justiça e vida.

- Ez 34,11-31
- Mq 5,1-3
- Zc 9,9-10
- Ml 3,13-21
- Mt 3,13-17; 4,12-17; 4,23-25; 5,1-12; 9,35-38
- Mc 1,14-15

Pedagogia de Jesus

A pedagogia aplicada por Jesus, seguindo os traços da pedagogia do Pai, foi sempre a partir das pessoas nas suas diferentes realidades.

> A pedagogia catequética tem como modelo, sobretudo, o proceder de Jesus Cristo, que, a partir da convivência com as pessoas, deu continuidade ao processo pedagógico do Pai. Levou à plenitude, por meio de sua vida, de suas palavras, sinais e atitudes, a revelação divina, iniciada no Antigo Testamento (DNC, n. 140).

Traços da pedagogia de Jesus

Jesus, seguindo os traços da pedagogia do Pai, revela o seu projeto, sua missão através de:

UM TEMPO DE APROXIMAÇÃO – Jesus se torna próximo para acolher e libertar.

Ele educa a todos de maneira pessoal

- Mt 4,18-22; 8,5-13; 9,9-13;
- Mc 7,24-30; 8,22-26; 9,30-37; 10,46-52

Ele anuncia a Boa Notícia:

- Lc 4,17-22.42-44;
- Jo 4,1-42; 10,1-18; 14,1-4; 15,1-6

Ele educa para a oração a partir de sua própria experiência de oração, motivando os apóstolos à vida de oração simples e verdadeira.

- Mt 6,9-13
- Jo 17

UM TEMPO DE PREPARAÇÃO – Jesus se torna um com o outro, escolhe seus seguidores e os ensina, partilhando o seu amor.

Ele escolhe e chama pelo nome cada um de seus apóstolos

- Mc 3,13-19

Ele transmite uma experiência de comunidade no relacionamento particular com os Doze Apóstolos

- Lc 5,1-11
- Jo 15,9-17
- Ele dá instruções aos apóstolos
- Mt 10,5-20

UM TEMPO DE CONFIRMAÇÃO – Ele se torna um para o outro, envia seus discípulos em missão.

Ele envia seus apóstolos em missão

- Mt 28,16-20

Ao se revelar, Jesus opta por um caminho, uma pedagogia que orienta a comunidade dos discípulos e novos seguidores. Isto o faz quando se revela por uma intensa capacidade de comunicar-se, pois sua comunicação é eficaz pela força de suas palavras, linguagem e gestos. Ele fala a partir de si mesmo, torna-se exemplo por sua coerência, modelo e ideal para qualquer ação catequética. Sua vida e seus ensinamentos são autênticos. Revela uma profunda intimidade com o Pai.

Na catequese, a formação dos discípulos, inspirada nos traços da pedagogia de Jesus, se dá por um processo pedagógico que se desenvolve gradualmente por meio do **Acolhimento**: Jesus acolhe o outro, especialmente "o pobre, o pequeno, o pecador, como pessoa amada e escolhida por Deus"; do **Anúncio**: Jesus anuncia explicitamente o Reino de Deus como "Boa Nova da verdade e da consolação do Pai". A verdade do reino e a misericórdia do Pai são o centro da mensagem de Jesus; do **Aprofundamento**: Jesus ensina e ama com ternura. Promove a libertação de todo mal em favor da vida. Jesus comunica apropriando-se de todos os recursos próprios da comunicação interpessoal, como a palavra, o silêncio, a metáfora, a imagem, o exemplo, e tantos outros sinais; do **Seguimento**: Jesus convida a viver a esperança do reino e a caridade para com o próximo. Estimula os discípulos a continuarem a sua própria missão no mundo inteiro (cf. DGC, n. 140).

O caminho da comunicação reflete a inspiração da comunicação divina que revela através de palavras, imagens e sinais o que Deus quer ser para nós. Ele se aproxima de seus filhos e filhas para falar. A catequese educa para a escuta orante da voz de Deus, sabendo ler suas palavras todos são convidados a escutar e acolher sua mensagem.

9.2 Elementos metodológicos à luz da Pedagogia Divina

Os elementos metodológicos essenciais para a catequese são:

1. MOTIVAÇÃO

2. INTERIORIZAÇÃO

3. EXPRESSÃO

4. MEMORIZAÇÃO

5. SENSIBILIZAÇÃO

1. Motivação

Em seu trabalho de iniciação e educação da fé, a catequese necessita de uma motivação amorosa e gratuita por parte dos catequistas. Essa motivação vai ajudar o catequista no cuidado com a **linguagem, espaço, recursos e estratégias, tempo, oração e compromisso.**

Linguagem

Para saber como ensinar as verdades da fé é necessário observar como os catequizandos se comunicam a fim de poder revelar-lhes a pessoa e a mensagem de Jesus Cristo. É possível identificar a linguagem dos catequizandos através dos códigos utilizados por eles, quer sejam crianças, adolescentes, jovens ou adultos. É importante, ainda, identificar a linguagem usada pelos catequizandos de realidade urbana ou rural, ou de diferentes grupos e "tribos", todos com expressões próprias, palavras convencionadas que caracterizam pertença a um determinado grupo ou realidade. Todo ensinamento precisa acontecer de forma compreensível, como fazia Jesus: "Anunciava-lhes a Palavra por meio de parábolas [...] conforme podiam entender" (Mc 4,33).

A Bíblia nos ensina que há muitas maneiras de falar de Deus e com Deus. Pode ser através de histórias, louvores, cartas, salmos, hinos e muito mais.

O catequista deve:

- Saber que a sua linguagem, clara e simples, precisa estar sempre articulada com a linguagem oficial da Igreja. Aos poucos, o catequista vai falando a partir de uma palavra que é sua mesmo e também é da Igreja.
- Construir uma linguagem em conjunto com as crianças, com os adolescentes e com os jovens, com os adultos. Para isso, é necessário saber escutá-los e aprender sua língua.
- Facilitar através da linguagem verbal e não verbal a interligação da linguagem dos catequizandos com a da Igreja. O lugar mais privilegiado para que isso aconteça é a celebração. Por palavras e gestos, todos se comunicam entre si e com Deus, todos se colocam diante da rica experiência de comunhão.
- Explorar, através da experiência simbólica, a possibilidade de fazer cada um dos catequizandos se encontrar consigo mesmo, com os outros e com Deus.

Espaço

O espaço para a realização da catequese precisa ser lugar de acolhimento, de intimidade com o grupo e com Deus, de comunicação, de crescimento como cristão e de reconhecimento como membro da comunidade eclesial e agente transformador da sociedade. Assim como os diferentes lugares de uma casa, o espaço preparado para a catequese precisa ser adequado para o grupo de catequizandos nas suas diferentes idades e realidades. O ambiente pode ser simples, mas precisa estar em ordem, limpo e preparado para receber as pessoas. Que seja um lugar de vida e de oração, em harmonia com a Igreja e a vida da comunidade.

Jesus andava por entre as praças, aldeias, casas e estradas transformando os lugares por onde passava em espaços catequéticos: "Jesus começou a percorrer todas as cidades e povoados, ensinando em suas sinagogas, proclamando a Boa Nova do Reino e curando todo tipo de doença e enfermidade" (Mt 9,35).

Recursos e estratégias

Para a realização dos encontros de catequese é fundamental considerar:

- Os recursos humanos – as pessoas que estão envolvidas e suas atribuições.
- Os recursos técnicos – as formas de interação, técnicas e dinâmicas de grupo, estratégias e recursos audiovisuais.

Na catequese de Jesus não faltavam palavras e sinais. "Jesus mandou que a multidão se sentasse no chão. Depois, pegou os sete pães, deu graças, partiu-os e deu aos discípulos para que os distribuíssem. E distribuíram à multidão" (Mc 8,6).

Tempo

O tempo reservado para a catequese deve se tornar um momento agradável e esperado por todos. É preciso saber administrar a duração dos encontros para garantir o interesse do grupo em participar.

Jesus era muito cuidadoso com o tempo para as atividades, sabia quando era necessário parar, descansar, orar, caminhar... "Jesus entrou em Jerusalém e foi ao templo. Lá observou todas as coisas. Mas, como já era tarde, ele e os Doze foram para Betânia" (Mc 11,11).

É aconselhável que o catequista organize bem suas atividades considerando a necessidade de motivar, interiorizar o conteúdo trabalhado, memorizar as verdades da fé e sensibilizar o grupo para a oração e para o engajamento pastoral e missionário.

Oração

A catequese quando bem preparada faz do momento de oração a oportunidade de motivar os catequizandos para a mais íntima e familiar comunhão com Deus.

É importante que o catequista não deixe de **Rezar**, consciente de que a prece está no centro da vida espiritual; de **Rezar diante dos catequizandos** como forma de testemunhar a vida de oração diante deles; de **Rezar com os catequizandos** possibilitando o exercício da oração como necessidade para a vida espiritual e de **Ensinar a rezar** apoiando e guiando os momentos da prece, favorecendo uma oração cada vez mais cristã, madura e comprometida com o Evangelho.

O tempo reservado para a oração era observado por seus discípulos: "De madrugada, quando ainda estava bem escuro, Jesus se levantou e saiu rumo a um lugar deserto. Lá ele orava... (Mc 1,35).

Compromisso

O compromisso leva o catequizando ao engajamento que, a partir da interação fé e vida, o transforma em discípulo a serviço de uma Igreja missionária, viva e atuante. Com sua vida e testemunho, se torna presença viva de uma Igreja humana e fraterna, justa, santa e solidária. "Vós sois o sal da terra... Vós sois a luz do mundo" (Mt 5,13.14).

2. Interiorização

Na catequese, hoje, é imprescindível criar um momento de escuta interior. É como fazer uma peregrinação ao interior de nós mesmos para ouvir a voz de Deus e descobrir como podemos colaborar com Ele e no seu projeto de vida para todos.

O encontro pessoal e comunitário com Jesus Cristo se dá através de um exercício de interiorização. Para isso, é necessário criar um clima de reflexão e silêncio para que os catequizandos consigam escutar o Senhor.

Os discípulos de Emaús desejaram permanecer com o Senhor: "Fica conosco, pois já é tarde e a noite vem chegando!" (Lc 24,29).

3. Expressão

O catequista deve estimular a atividade do catequizando e orientá-lo em direção aos objetivos da pedagogia da fé. Para isso, deverá ser ativo e estar sempre junto aos catequizandos, acolhendo todas as contribuições manifestadas por eles, utilizando inclusive o imprevisto. É recomendável valorizar as expressões verbais ou não verbais dos catequizandos mesmo quando forem imperfeitas, incompletas e, até mesmo, hesitantes.

Deve-se utilizar todas as formas de expressão: gestos, palavras, escrita, cantos, silêncio, atividades corporais e artísticas. Por meio da expressão verbal ou corporal, as verdades da fé podem ser comunicadas, mas devem conduzir sempre à aquisição de novos conhecimentos, ao diálogo e à troca de experiências.

4. Memorização

A memorização é um processo que favorece o conhecimento de todas as verdades possibilitando que sejam guardadas na mente e memorizadas pelas fórmulas da fé. Tais fórmulas, fiéis à mensagem cristã, garantem um precioso patrimônio doutrinal expresso através dos textos bíblicos da doutrina cristã, da liturgia e das orações (Creio, Pai-nosso, Ave-Maria).

A memorização é, portanto, um aspecto relevante na pedagogia da fé porque propicia uma melhor participação na verdade recebida.

5. Sensibilização – Engajamento

A catequese deve sensibilizar os catequizandos para o engajamento com a atividade da fé, da esperança e da caridade, levando ao compromisso cristão e a adquirir a capacidade e retidão de julgamento, de reforçar a decisão pessoal de conversão e de prática cristã da vida (cf. DGC, n. 157). Cuidar para que os catequizandos, educados na fé, possam sentir a presença de Deus e, de coração aberto e disponível ao Senhor, consigam dar testemunho de uma vida de comunhão e serviço.

Os elementos metodológicos apresentados servem para garantir que o processo de educação da fé favoreça o crescimento do catequizando em todos os aspectos: humanos, espirituais, culturais e sociais. Necessariamente, a catequese deve se concentrar no essencial para que, de uma forma orgânica e sistemática, possa ser uma iniciação cristã integral.

O método e a linguagem utilizados devem manter-se verdadeiramente como instrumentos para comunicar a totalidade e não apenas parte das "palavras de vida eterna" ou dos "caminhos da vida" (CT, n. 31).

Com todos esses elementos metodológicos o caminho da comunicação nos faz reconhecer a importância de nosso ministério. Ao enviar os discípulos em missão, Jesus confiou a eles o exercício da catequese; "Ide e fazei". Fazer nos discípulos! Uma missão que leva ao comprometimento com a Palavra que está sendo anunciada e com os catequizandos, interlocutores e anunciadores do Evangelho.

A nossa missão exige de nós:

- Reconhecer a riqueza que cada ser humano traz em si por suas diversas características e por suas diferentes experiências socioculturais e religiosas.

- Considerar que a diversidade pode favorecer a experiência do diálogo, do encontro, da corresponsabilidade e a experiência de vida comunitária.

- Reconhecer que o conceito e a experiência mística de Deus são totalmente individuais. A concepção de Deus se fortalece a partir do acolhimento de sua presença e da experiência religiosa de cada um.

- Respeitar a experiência de vida de cada catequizando que desperta para o sagrado e descobre o rosto de Deus por suas próprias expectativas e sentimentos religiosos partilhados na família, na comunidade e na sociedade.

O caminho se faz caminhando! Na catequese o caminho se faz comunicando. A missão de anunciar Jesus Cristo e despertar nos catequizandos o gosto de viver como cristãos confirma a nossa vocação. O Catequista que tem consciência que foi chamado por Deus e foi enviado pela comunidade, nela se fortalece e coloca sua vida como dom a serviço da evangelização.

LEMBRE-SE CATEQUISTA

CAMINHO DE COMUNICAÇÃO

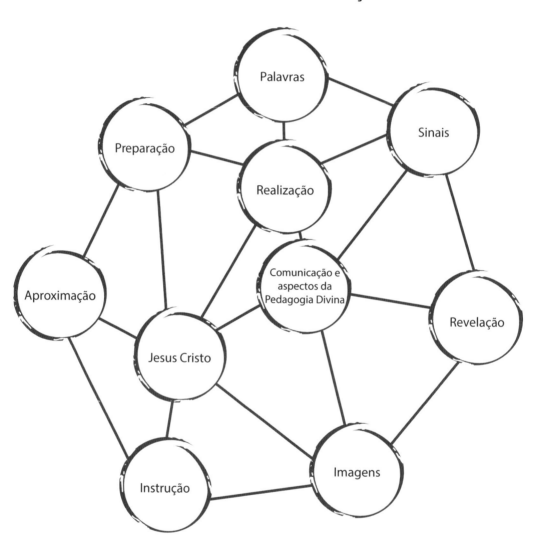

10

CAMINHO DE AÇÃO CRIATIVA E PARTILHADA

"Mesmo que já tenha feito uma longa caminhada,
sempre haverá mais um caminho a percorrer."
(Santo Agostinho)

O processo de construção do conhecimento que se dá na busca de uma vida cristã autêntica e por uma espiritualidade centrada na Palavra de Deus, alimento e lugar do encontro com o Senhor que nos fala, nos motiva a seguir um caminho de ação criativa e partilhada. O conteúdo é muito importante na catequese, mas o modo como vamos transmitir a mensagem para as pessoas deve ser claro, objetivo e verdadeiro.

A nossa verdade chega aos catequizandos como verdades ou informações?

A nossa fé deve ser transmitida com alegria. Pode ser de forma simples, mas precisa ser eficaz!

Que tal pensar de forma criativa? Vamos caprichar dando exemplos, dialogando mais, completando, acrescentando com a experiência e o conhecimento ao que os catequizandos trazem como contribuição para o encontro. Ainda podemos perceber se estão acolhendo a Boa Nova do Evangelho quando discordam, concordam, manifestam-se e elaboram novos questionamentos.

O caminho de ação criativa e partilhada leva ao despertar de novas perguntas e reflexão de como se pode adaptar aos princípios evangélicos a vida que se renova a cada dia. Aprendendo, ensinando, vivendo e convivendo, estamos em construção!

10.1 Uma construção de conhecimento e engajamento eclesial

Quando falamos de Deus na catequese automaticamente contribuímos para a formação da consciência de nossos catequizandos que se sentem chamados a escolher um caminho de vida e de fé. Quando falamos com Deus na catequese estamos nos colocando a serviço da construção do Reino, compreendendo que a nossa vida é dom e compromisso. Toda dedicação de nossa parte só tem sentido quando entendemos e respeitamos o valor da participação dos catequizandos em todo o processo.

> **Vale recordar!**
>
> **O catequizando é o sujeito de nossa catequese:** Para que cada catequizando se torne sujeito da catequese é preciso acolher a todos, respeitando-os como pessoas únicas e importantes. São especiais porque buscam a Deus, porque contam com a ajuda dos catequistas para o crescimento em Deus.
>
> **É por eles e para eles que preparamos os mais belos encontros de catequese:** Os encontros devem ser bem-preparados e com antecedência. Devem ser acolhedores, dinâmicos e adequados às diferentes idades e realidades dos catequizandos.
>
> **É com eles que nos comunicamos:** Ou falamos para nós mesmos? Um encontro de catequese precisa ser um espaço para o diálogo fraterno e construtivo, que favoreça o despertar para a descoberta de Deus e de seus mistérios.
>
> **É com eles que criamos laços de amizade:** É sempre bom e necessário criar laços de amizade com os catequizandos, tornando-nos seus amigos, seus companheiros, irmãos de verdade na vida da comunidade.
>
> **É com eles que formamos comunidade:** A catequese deve ser o caminho para a integração da família dos catequizandos com a comunidade, quando isso ainda não tiver ocorrido. Deve favorecer a experiência pessoal e comunitária da fé, da esperança e da caridade, bem como atingir uma profunda conversão para a vida conforme a prática cristã.

Enfim, é de substancial importância a relação pessoal do catequista com os interlocutores da catequese. "Tal relação se nutre de paixão educativa, de engenhosa criatividade, de adaptação e, ao mesmo tempo, de máximo respeito pela liberdade e amadurecimento da pessoa" (DGC, n. 156).

> O pensamento de Jesus é claro: o ser humano autêntico se constrói a partir de dentro. É a consciência que deverá orientar e dirigir a vida da pessoa. O decisivo é o "coração", esse lugar secreto e íntimo de nossa liberdade, onde não nos podemos enganar a nós mesmos. De acordo com este "despertador de consciências" que é Jesus, ali se decide o melhor e o pior de nossa existência" (PAGOLA, 2012, p. 117).

O caminho da criatividade na catequese se configura como um processo dinâmico, contínuo e participativo através do qual tomamos decisões a respeito de um projeto a ser executado. Buscar o envolvimento de todas as pessoas que participam das atividades catequéticas é uma riqueza para todo o processo, pois assim, somamos os recursos humanos e materiais para executar com sucesso nossa missão.

Agir com criatividade requer também uma profunda reflexão e conhecimento da realidade, dos interlocutores, dos recursos e possibilidades que temos. Esse conhecimento ajuda:

- A trabalhar com mais segurança, com mais seriedade e sem perder de vista os objetivos e a missão.
- No desenvolvimento do trabalho em grupo, evitando esforços desnecessários.
- A estabelecer prioridades e aproveitar melhor os recursos humanos e materiais.
- A garantir a continuidade da caminhada priorizando o essencial no trabalho.
- Reconhecer que o catequizando faz parte do processo catequético. Ele não é um mero espectador. "No processo de catequese, o destinatário deve poder manifestar-se sujeito ativo, consciente e corresponsável, e não puro receptor silencioso e passivo" (DGC, n. 167).

Vale recordar que a catequese "é um processo dinâmico e abrangente de educação da fé, um itinerário, e não apenas uma instrução" (CR, n. 281). Se consideramos a iniciação à fé um itinerário de vida cristã, teremos que agir com respeito e ternura junto aos nossos catequizandos porque o catequizando:

- É um ser humano que precisa ser: acolhido, amado, orientado e educado na fé; motivado para o acolhimento do projeto de Deus em sua vida e entusiasmar-se por ele; despertado para o apelo do Espírito Santo à conversão e ao compromisso cristão.

- Precisa ser conhecido por inteiro. Trata-se de uma pessoa que busca, na comunidade e no mundo, ser um cristão e, portanto, necessita de uma comunidade que o acolha, o sustente e o forme num ambiente de fé; que favoreça o seu crescimento como pessoa humana e cristã; seja casa de iniciação à vida cristã onde a Boa Nova é proclamada para transformar e os catequistas sejam educadores da fé por meio de uma metodologia dinâmica e permanente. Por fim, que seja uma comunidade inspiradora para a construção do Reino de Deus.

A grande novidade para o movimento catequético em seu processo de renovação foi, com certeza, a apresentação de um princípio metodológico de interação fé e vida que a CNBB com o Documento Catequese Renovada fez chegar a todas as regiões do Brasil. O documento diz que a interação fé e vida possibilita uma formação cristã mais consciente, coerente e generosa.

> De um lado, a fé propõe a mensagem de Deus e convida a uma comunhão com ele, que ultrapassa a busca e as expectativas humanas; de outro, a experiência humana é questionada e estimula a abrir-se para esse horizonte mais amplo (CR, n. 113).

Trata-se de um *princípio metodológico* que:

- Perpassa todo o conteúdo da catequese.
- Facilita a aproximação, a assimilação e a vivência da Palavra de Deus e dos ensinamentos da Igreja.
- Possibilita uma formação rumo à maturidade na fé.
- Prepara pessoas para o verdadeiro engajamento na Igreja e para a missão.
- Fortalece a unidade na experiência comunitária da fé.

- Favorece a interação entre os acontecimentos da vida e o mistério de Cristo: *"pelos sacramentos a liturgia leva a fé e a celebração da fé a se inserirem nas situações da vida"* (CNBB, Doc. 43, n. 92).

Uma catequese mais criativa estimula a busca da experiência comunitária de Deus. Para isso, é de extrema importância a integração com todos os outros sujeitos responsáveis pela comunidade de fé que se constrói no dinamismo do Espírito que nos anima e fortalece na caminhada.

A catequese não prepara pessoas apenas para os sacramentos, ela as acolhe e acompanha para a vida cristã dentro da comunidade. O catequista deve permanecer perseverante na responsabilidade de manter uma relação fraterna com sua comunidade. Por outro lado, a comunidade e a catequese devem caminhar juntas (cf. CR, n. 7). São João Paulo II, quando escreveu sua *Exortação Apostólica Catechesi Tradendae* faz uma profunda admoestação:

> A catequese corre o risco de se esterilizar, se uma comunidade de fé e vida cristã não acolher o catecúmeno a certo passo da sua catequização. É por isto que a comunidade eclesial, a todos os níveis, é duplamente responsável em relação à catequese: antes de mais, tem a responsabilidade de prover à formação dos próprios membros; depois, também a de os acolher num meio ambiente em que possam viver o mais plenamente possível aquilo que aprenderam (CT, n. 24).

Todos os caminhos apresentados nesta obra nos convidam a refletir sobre a nossa responsabilidade de crescer na experiência de vida e fé para nos tornarmos mais humanos no acompanhamento de nossos catequizandos e mais comprometidos com a educação da fé de tantos irmãos e irmãs que encontramos. Todo o esforço que empregamos na missão nos faz reconhecer que ainda não estamos prontos. Quanto mais caminhamos, mais aprendemos, mais crescemos e amadurecemos rumo a Cristo. Animados e perseverantes, seguimos no caminho do discipulado.

LEMBRE-SE CATEQUISTA

CAMINHO DE AÇÃO CRIATIVA E PARTILHADA

- Estamos sempre aprendendo, vivendo e convivendo
- Trilhemos com nossos catequizandos e comunidades no caminho de vida e de fé
- Despertemos para novas perguntas e reflexão
- Preparemos os mais belos encontros de catequese
- Levemos mais verdades que informações aos nossos catequizandos
- Criemos laços de amizade para formar comunidade

REFERÊNCIAS

ALBERICH, Emilio. *Catequese evangelizadora* – Manual de catequética fundamental. São Paulo: Salesiana, 2004 [Adaptado para o Brasil e América Latina por Luiz Alves de Lima].

ARQUIDIOCESE DE SÃO PAULO/Região Episcopal Santana. *Escola de catequistas* – Doc. V. São Paulo [apostila].

BENTO XVI, Papa. *Carta Apostólica* Porta Fidei. São Paulo: Paulinas, 2011.

CATECISMO DA IGREJA CATÓLICA. 9. ed. São Paulo: Loyola/Paulinas/Ave-Maria/Paulus; Petrópolis: Vozes, 1999.

CONSELHO EPISCOPAL LATINO AMERICANO. *Documento de Puebla*. São Paulo: Paulus, 2005.

_____. Documento de Aparecida. Brasília: Edições CNBB; São Paulo: Paulus/Paulinas, 2007.

CONFERÊNCIA NACIONAL DOS BISPOS DO BRASIL. Diretrizes Gerais da Ação Evangelizadora da Igreja no Brasil: 2019-2023. Documentos da CNBB, n. 109. Brasília: Edições CNBB, 2019.

_____. Iniciação à Vida Cristã: Itinerário para formar discípulos missionários. Documentos da CNBB, n. 107. Brasília: Edições CNBB, 2017.

_____. Diretrizes Gerais da Ação Evangelizadora da Igreja no Brasil: 2011-2015. Documentos da CNBB, n. 102. São Paulo: Paulinas, 2015.

_____. Comunidade de comunidades: uma nova paróquia. A conversão pastoral da paróquia. Documentos da CNBB, n. 100. Brasília: Edições CNBB, 2014.

_____. *Diretório Nacional de Catequese*. Documentos da CNBB, n. 84. Brasília: Edições CNBB, 2006.

_____. *Animação da vida litúrgica no Brasil*. Documentos da CNBB, n. 43. São Paulo: Paulinas, 1989.

_____. *Catequese Renovada* – Orientações e conteúdo. Documentos da CNBB, n. 26. São Paulo: Paulinas, 1983.

CNBB/Regional Sul II. *Escola de Emaús, mística da escola* – Regional Sul II. Curitiba [apostila].

CONCÍLIO VATICANO II. *Constituição Dogmática* Dei Verbum *sobre a revelação divina*. São Paulo: Paulus, 2001.

CONGREGAÇÃO PARA O CLERO. *Diretório Geral para a Catequese*. São Paulo: Loyola/Paulinas, 1998.

FRANCISCO, Papa. *Mensagem do Papa Francisco aos participantes no simpósio internacional sobre a catequese (Buenos aires, 11-14 de julho de 2017)*, em Roma, no dia 05 de julho de 2017. In: http://www.vatican.va/content/francesco/pt/messages/pont-messages/2017/documents/papa-francesco_20170705_messaggio-simposiocatechesi-argentina.html. Acesso em: 10 de setembro de 2018.

_____. *Audiência Geral*, em Roma, no dia 03 de abril de 2013. In: http://w2.vatican.va/content/ francesco/pt/audiences/2013/documents/papa-francesco_20130403_udienza-generale.html. Acesso em: 10 de setembro de 2018.

_____. *Angelus*, em Roma, no dia 02 de julho de 2017. In: http://www.vatican.va/content/francesco/pt/ angelus/2017/documents/papa-francesco_angelus_20170702.html. Acesso em: 10 de setembro de 2018.

_____. *Devocional com Papa Francisco*: Meditações diárias para uma vida com Deus. São Paulo: Fontanar, 2016 [Organização Marcelo Cavallari].

_____. *A Alegria do Evangelho* – Exortação Apostólica *Evangelli Gaudium*, São Paulo: Paulus/Loyola, 2013.

FREIRE, Paulo. *Conscientização: teoria e prática da libertação* – Uma introdução ao pensamento de Paulo Freire. 4. ed. São Paulo: Moraes, 1980.

GIL, Paulo Cesar. *Quem é o catequizando?* Petrópolis: Vozes, 2017.

JOÃO PAULO II. *A catequese hoje* – Exortação Apostólica *Catechesi Tradendae*. São Paulo: Paulinas, 1981.

JOÃO XXIII, Papa. Carta Encíclica *Mater et Magistra*, em Roma, no dia 15 de maio de 1961. In: http:// www.vatican.va/content/john-xxiii/pt/encyclicals/documents/hf_j-xxiii_enc_15051961_mater.html. Acesso em: 10 de setembro de 1918.

MOSER, Assis & BIERNASKI, André. *Ser catequista*. Petrópolis: Vozes, 2000.

OLENIKI, Marilac Loraine R. & MACHADO, Léo Marcelo P. *O encontro de catequese*. Petrópolis: Vozes, 2000.

ORFANO, Gianfranco. *Técnicas de planejamento pastoral*. Petrópolis: Vozes, 2004.

PAGOLA, José Antonio. *O caminho aberto por Jesus*: Lucas., Petrópolis: Vozes, 2012 [Tradução de Gentil Avelino Titton].

PEDROSA, V. Maria et al. *Dicionário de Catequética*. São Paulo: Paulus, 2004 [Tradução de H. Dalbosco].

REVISTA ECOANDO. *Formação interativa com catequistas*, n. 3, ano I, 2003. São Paulo: Paulinas.

TEIXEIRA, Celso M. (org.). *Fontes franciscanas e clarianas*. Petrópolis: Vozes, 2004.